Around the World in 80 Days

80일간의 세계일주

80일간의 세계일주

First edition: May 2011

TEL (02)2000-0515 | FAX (02)2271-0172
ISBN 978-89-17-23785-6

YBM Reading Library 는...

쉬운 영어로 문학 작품을 즐기면서 영어 실력을 크게 향상시킬 수 있도록 개발된 독해력 완성 프로젝트입니다. 전 세계 어린이와 청소년들에게 재미와 감동을 주는 세계의 명작을 이제 영어로 읽으세요. 원작에 보다 가까이 다가가는 재미와 명작의 깊이를 느낄 수 있을 거예요.

350 단어에서 1800 단어까지 6단계로 나누어져 있어 초·중·고 어느 수준에서나 자신이 좋아하는 스토리를 골라 읽을 수 있고, 눈에 쉽게 들어오는 기본 문장을 바탕으로 활용도가 높고 세련된 영어 표현을 구사하기 때문에 쉽게 읽으면서 영어의 맛을 느낄 수 있습니다. 상세한 해설과 흥미로운 학습 정보, 퀴즈 등이 곳곳에 숨어 있어 학습 효과를 더욱 높일 수 있습니다.

이야기의 분위기를 멋지게 재현해 주는 삽화를 보면서 재미있는 이야기를 읽고, 전문 성우들의 박진감 있는 연기로 스토리를 반복해서 듣다 보면 리스닝 실력까지 크게 향상됩니다.

세계의 명작을 읽는 재미와 영어 실력 완성의 기쁨을 마음껏 맛보고 싶다면, YBM Reading Library와 함께 지금 출발하세요!

YBM Reading Library

책을 읽기 전에 가볍게 워밍업을 한 다음, 재미있게 스토리를 읽고, 다 읽고 난 후 주요 구문과 리스닝까지 꼭꼭 다지는 3단계 리딩 전략! YBM Reading Library, 이렇게 활용 하세요.

Before the Story

People in the Story

스토리에 들어가기 전, 등장인물과 만나며 이야기의 분위기를 느껴 보세요~

A Famous Wager Is Made

대단한 내기가 이루어지다

In 1872, Mr. Phileas Fogg lived in a comfortable mansion at No. 7, Saville Row, Burlington Gardens, London. He spent most of his time at the Reform Club, where he was one of the most respected members. Not much was known about him because he never talked about himself. He was undoubtedly rich, but no one knew where his money came from. He seemed to know a great deal about the world and was believed to be well traveled although he had not been absent from London for many years.

In the Story

★ 스토리

재미있는 스토리를 읽어요. 잘 모른다고 멈추지 마세요. 한 페이지, 또는 한 chapter를 끝까지 읽으면서 흐름을 파악하세요.

★★ 단어 및 구문 설명

어려운 단어나 문장을 마주쳤을 때, 그 뜻이 알고 싶다면 여기를 보세요. 나중에 꼭 외우는 것은 기본이죠.

wager 내기	be absent from …을 비우다
comfortable 편안한	pastime 취미, 소일거리
mansion 저택	whist 휘스트(카드 게임의 하나)
respected 훌륭한, 존경 받는	winning (주로 복수형으로) 상금, 상금
undoubtedly 의심할 여지 없이	keep … aside …을 따로 챙겨 두다
be believed to + 동사원형	fund 기금, 자금
…한 것으로 믿어지다(여겨지다)	charity 자선 행위, 자선 사업
well traveled 여행을 많이 한	

14 · Around the World in 80 Days

★★★ 돌발 퀴즈

스토리를 잘 파악하고 있는지 궁금하면 돌발 퀴즈로 잠깐 확인해 보세요.

Mini-Lesson
너무나 중요해서 그냥 지나칠 수 없는
알짜 구문은 별도로 깊이 있게 배워요.

His only pastimes were reading the papers and
playing whist. He often won the games but his
winnings never went into his purse. Instead
he kept them aside as a fund for his charities.
He was unmarried and had no
relatives or close friends.

★ ★ ★

❓ Which is not true about Fogg?
　a. He liked playing whist.
　b. He had been often absent
　　from London.
　c. He donated his winnings.

Check-up Time!
한 chapter를 다 읽은 후 어휘, 구문,
summary까지 확실하게 다져요.

Focus on Background
작품 뒤에 숨겨져 있는 흥미로운 이야기를
읽으세요. 상식까지 풍부해집니다.

After the Story

Reading X-File 이야기 속에 등장했던
주요 구문을 재미있는 설명과 함께 다시 한번~

Listening X-File 영어 발음과 리스닝 실력을 함께
다져 주는 중요한 발음법칙을 살펴봐요.

MP3 Files
www.ybmbooksam.com에서 다운로드 하세요!

– YBM Reading Library –

이제 아름다운 이야기가
시작됩니다

Around the World in 80 Days

_Before the Story

_In the Story

Jules Verne (1828 ~ 1905)
쥘 베른은 …

프랑스 서부 해안 도시 낭트(Nantes)에서 태어나 바다와 그 너머 미지의 땅을 동경하며 성장한 후 19세에 법률을 공부하기 위해 파리로 이주하였다. 그러나 그는 문학에 대한 열정에 사로잡혀 독서와 극장 순례에 시간을 할애하며 희곡, 오페라 대본, 소설 등을 발표하였다.

과학에 흥미를 가지고 있던 베른은 34세에 열기구 '거인호'에서 영감을 얻어 〈기구를 타고 5주간(Five Weeks in a Balloon)〉을 써서 큰 성공을 거두었다. 그후 그는 '별난 여행 시리즈(Extraordinary Voyages)'인 낭만적인 모험물 〈지구 속 여행(Journey to the Center of the Earth, 1864)〉, 〈지구에서 달까지(From the Earth to the Moon, 1865)〉, 〈해저 2만리(Twenty Thousand Leagues Under the Sea, 1869)〉, 〈신비의 섬(The Mysterious Island, 1875)〉 등을 발표하여 전세계 독자들을 열광시켰다.

작가는 공중 비행, 해저 탐사, 달세계, 우주 등에 대한 해박한 지식으로, 훗날 현실에서 이루어진 비행기, 잠수함, 텔레비전, 달여행, 우주여행 등을 작품 속에 먼저 선보여 독자들을 흥미진진한 공상의 세계로 이끌었으며, 이로 인해 과학 모험 소설의 아버지로 평가 받고 있다.

Around the World in 80 Days

80일간의 세계일주는 …

베른의 '별난 여행 시리즈' 중 하나로 특히 작가의 해박한 지리적 지식과 유머, 서스펜스가 돋보이는 작품이다.

냉정하고 시계처럼 정확한 영국 신사 필리어스 포그는 자신이 속한 혁신 클럽의 회원 5명과 2만 파운드를 걸고 80일간의 세계일주에 도전한다. 그는 프랑스인 하인 파스파르투와 함께 여행길에 올라, 배에서 기차로 또다시 배로 옮겨 타면서 런던으로 돌아오기 위해 숨가쁜 여행을 펼친다. 포그는 여행 도중 철로가 끊어지고, 화형의 위기에 처한 아우다 부인을 구출하고, 자신을 은행 절도범으로 오인한 픽스 형사에게 체포되는 등 무수히 많은 위기에 처하지만, 특유의 배짱과 침착함으로 이를 극복해 간다.

이 작품은 처음 신문에 연재되었을 때 대단한 인기를 모았으며, 실제로 80일 만에 세계일주를 할 수 있을까 하는 호기심과 기대로 내기를 하는 사람들도 많았다고 한다. 시계처럼 정확한 포그와 덜렁대는 성격으로 여행을 지연시키는 파스파르투, 포그를 추적하는 형사 픽스가 시간과 경쟁하며 벌이는 〈80일간의 세계일주〉는 긴박감 넘치는 사건 전개와 유머러스한 문체로 지금도 전세계 독자들의 한결 같은 사랑을 받는 뛰어난 작품이다.

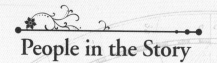

People in the Story

Jean Passepartout

포그의 하인. 프랑스인으로 서커스
단원 등을 하다 포그가 세계일주를
떠나는 날 고용되어 변함없는
충성심으로 주인을 수행한다.

Phileas Fogg

혁신 클럽 회원들과의 내기로 80일간의 세계
일주를 떠나게 되는 주인공. 전형적인 영국
신사지만 사생활이 베일에 가려진 괴짜다.

Aouda

포그 일행에게 구출된 인도 여인. 화형될
위기에서 구출되어 포그의 세계일주에
동참하게 되고 그를 사랑하게 된다.

Reform Club members

포그의 혁신 클럽 휘스트 게임 상대들.
포그와 세계일주 논쟁을 벌이다
2만 파운드 내기를 하게 된다.

Detective Fix

포그를 추적하는 형사. 포그를 은행
절도범으로 오인하고 현상금에 눈이
멀어 포그를 끈질기게 추적한다.

a Beautiful Invitation
– YBM Reading Library

Around the World in 80 Days

Jules Verne

A Famous Wager Is Made

대단한 내기가 이루어지다

In 1872, Mr. Phileas Fogg lived in a comfortable mansion at No. 7, Saville Row, Burlington Gardens, London. He spent most of his time at the Reform Club, where he was one of the most respected members. Not much was known about him because he never talked about himself. He was undoubtedly rich, but no one knew where his money came from. He seemed to know a great deal about the world and was believed to be well traveled although he had not been absent from London for many years.

☐ wager 내기
☐ comfortable 편안한
☐ mansion 저택
☐ respected 훌륭한, 존경 받는
☐ undoubtedly 의심할 여지 없이
☐ be believed to+동사원형
　…한 것으로 믿어지다(여겨지다)
☐ well traveled 여행을 많이 한

☐ be absent from …을 비우다
☐ pastime 취미, 소일거리
☐ whist 휘스트(카드 게임의 하나)
☐ winning (주로 복수형으로) 벌이, 상금
☐ keep ... aside …을 따로 챙겨 두다
☐ fund 기금, 자금
☐ charity 자선 행위, 자선 사업

His only pastimes were reading the papers and playing whist. He often won the games but his winnings never went into his purse. Instead he kept them aside as a fund for his charities. He was unmarried and had no relatives or close friends.

? Which is not true about Fogg?
  a. He liked playing whist.
  b. He had been often absent from London.
  c. He donated his winnings.

정답 q

In Fogg's house was a complicated clock that indicated the hours, minutes, seconds, days, months, and years. His life was ruled by the clock. At 11:30 every morning, he went to the Reform Club. There he ate lunch and dinner in the same room, at the same table, at the same times and always alone. He always arrived home at exactly midnight and went immediately to bed.

He shared his home with one servant, whom he had dismissed this morning for bringing him shaving water that was two degrees too cold. At 11:22 a.m., he was seated in his living room waiting for a new servant to arrive.

There was a knock on the door and a young man of about thirty advanced into the room and bowed. He had blue eyes and brown hair and a well-developed, muscular body.

"You are a Frenchman and your name is John. Is that correct?" asked Fogg.

"Jean, if Monsieur pleases," replied the newcomer.
"Jean Passepartout,* a surname which has clung to
me because I have a natural aptness for going out
of one business into another. I've been an acrobat in a
circus, a gymnastics instructor and a fireman. I entered
service as a valet here in England five years ago. I heard
that you are the most settled gentleman in the United
Kingdom and came here hoping to live a tranquil
life with you."

"Good! What time is it?" asked Fogg.

Passepartout took an enormous silver
watch from his pocket and said,
"11:25 a.m., Monsieur."

파스파르투는 프랑스어로
'만능열쇠'란 뜻이에요.

☐ complicated 복잡한
☐ indicate 보여주다, 가리키다
☐ dismiss 해고하다
☐ shaving water 면도용 물
☐ well-developed 잘 다듬어진
☐ muscular 근육질의
☐ newcomer 새로 온 사람
☐ surname 별명
☐ cling to ⋯에 달라붙다
  (cling-clung-clung)
☐ aptness 경향
☐ acrobat 곡예사
☐ gymnastics instructor 체조 강사
☐ enter service as ⋯로 고용되다
☐ valet (남자 상전의 개인 수발을 드는) 하인
☐ settled 안정된
☐ tranquil 조용한, 평온한

"You are four minutes slow," said Fogg, "but never mind. From this moment, exactly 11:29 a.m. on Wednesday the 2nd of October, you are in my service." [1]

He got up, put on his hat and went out without saying another word.

"Well," muttered Passepartout, "I've seen waxworks at Madame Tussaud's as lively as Mr. Fogg!"

During his brief interview, Passepartout had carefully observed his new master. Fogg was a tall, good-looking man of about forty, with light hair, a moustache and beautiful teeth. He seemed a perfect type of serene Englishman who never showed any emotion. He was so exact that he was never in a hurry.

---

1 **be in one's service** ···에게 고용되다
From this moment, exactly 11:29 a.m. on Wednesday the 2nd of October, you are in my service. 이 순간부터, 정확하게 10월 2일 수요일 오전 11시 29분부터, 자네는 나에게 고용되었네.

- ☐ mutter 중얼거리다
- ☐ waxwork 밀랍 인형
- ☐ Madame Tussaud's (런던의 유명한) 마담 튀소 밀랍 인형관
- ☐ observe 관찰하다
- ☐ moustache 콧수염
- ☐ serene 차분한
- ☐ invariably 변함없이, 언제나
- ☐ impulsive 충동적인
- ☐ unpredictable 예측 불가능한
- ☐ orderly 질서정연한
- ☐ accounted for 설명된
- ☐ simply furnished 간소하게 가구가 비치된
- ☐ in the best taste 최고급 취향의
- ☐ garment 의복, 옷
- ☐ get on well (남과) 사이 좋게 지내다

Passepartout liked what he saw. During his five years of service, he had been valet to ten different young gentlemen. Invariably, their behavior was impulsive and unpredictable and, after a few months, he had moved on in search of a quieter life.

He inspected the house from cellar to attic and found that everything was clean and orderly. Above the clock in the living room was a schedule of his daily duties with every minute of the day accounted for. Fogg's bedroom was simply furnished but his clothing was in the best taste. Each garment was numbered, indicating the season and order in which it was to be worn.

Passepartout rubbed his hands together and smiled with pleasure.

"Perfect!" he said. "Mr. Fogg is as predictable as a machine. We will get on very well together!"

Mini-Lesson

See p. 128

from A(명사) to B(명사)

from cellar to attic은 '지하실부터 다락까지 (집 전체)'라는 뜻이에요. 이처럼 「from A(명사) to B(명사)」의 구문이 관용적인 표현을 만들 때는 관사가 생략된다는 점, 꼭 기억하세요!

from head to foot 머리부터 발끝까지 / from top to toe 머리끝에서 발끝까지
from start to finish 처음부터 끝까지 / from end to end 샅샅이
from side to side 좌우로 / from shop to shop 상점마다

When Phileas Fogg reached the Reform Club, he took his place at his usual table for lunch and then followed his unvarying routine for the remainder of the day. After dinner, he joined his regular partners at whist. They were Andrew Stuart, an engineer, John Sullivan and Samuel Fallentin who were bankers, Thomas Flanagan, a brewer, and Gauthier Ralph, one of the directors of the Bank of England. Tonight their topic of conversation was a bank robbery that had occurred three days before. Detectives had been dispatched to all the major ports of the world to find the robber who, according to a witness, was a well-dressed gentleman.

"Well, Ralph," said Flanagan, "what about that robbery?"

"I think the police will catch the robber," said Ralph.

"I believe the Bank will lose the money," said Stuart, "He'll get away, of course."

"But where can he flee to?" asked Ralph. "No country is safe for him."

- take one's place 자리를 잡다
- unvarying routine 불변의 순서, 일정한 틀
- for the remainder of the day 그날 남은 시간
- banker 은행가
- brewer 양조업자
- robbery 절도, 강도 (사건)
- be dispatched to …에 파견(급파)되다
- according to …에 따르면
- witness 목격자
- fee 달아나다, 도망가다 (flee-fled-fled)
- estimate 추정치, 견적서

"The world is vast enough to hide in forever," said Stuart.

"It was once," said Fogg, "but not now. It's entirely possible to travel around the world in eighty days."

"That's correct," said Sullivan. "Here is the estimate from the *Morning Chronicles*."

From London to Suez via Mont Cenis and Brindisi, by rail and steamboats	7	days
From Suez to Bombay, by steamer	13	"
From Bombay to Calcutta, by rail	3	"
From Calcutta to Hong Kong, by steamer	13	"
From Hong Kong to Yokohama (Japan), by steamer	6	"
From Yokohama to San Francisco, by steamer	22	"
From San Francisco to New York, by rail	7	"
From New York to London, by steamer and rail	9	"
Total	80	days

"Yes, in eighty days!" said Stuart, "But that doesn't take into account the unexpected, like bad weather, contrary winds, shipwrecks, railway accidents, and so on."

"The unexpected does not exist if one plans mathematically," said Fogg.

"Well, make the journey, then!" retorted Stuart. "I'll wager four thousand pounds that it's impossible." [1]

"Calm yourself, my dear Stuart," said Fallentin. "It's only a joke."

"It's no joke!" declared Fogg. "I'll wager twenty thousand pounds that it can be done. Do you accept?"

"We accept," replied Stuart, Fallentin, Sullivan, Flanagan, and Ralph, after consulting each other.

"Good," said Fogg. "I'll leave tonight on the 8:45 train to Dover. Today is Wednesday, the 2nd October. I'll return to this very room on Saturday, the 21st of December at 8:45 p.m. I'll have my passport visaed at every stop to verify my route."

An agreement was drawn up and signed by all parties to the wager before Fogg wrote a check for twenty thousand pounds, which was half his fortune.

"Present this at Barings Bank if I don't return by the appointed time," he said.

---

1 **wager + 돈(A) + that절(B)** B하는 데 A를 걸다
I'll wager four thousand pounds that it's impossible.
그게 불가능하다는 데 4천 파운드를 걸겠소.

- □ via ⋯을 경유하여
- □ by steamboat 기선으로 (= by steamer)
- □ take into account ⋯을 고려하다
- □ the unexpected 예상하지 못한 사건
- □ bad weather 악천후
- □ contrary winds 역풍
- □ shipwreck 난파
- □ mathematically 수학처럼 아주 정확히
- □ retort 대꾸하다
- □ calm oneself 진정하다

- □ declare 분명히 말하다
- □ consult ⋯와 상의하다
- □ visa (여권)에 사증을 주다
- □ verify 입증하다
- □ route 경로
- □ be drawn up 작성되다
- □ party to (계약 등)의 당사자
- □ fortune 재산
- □ present 제출하다
- □ appointed time 약속된 시각

Passepartout was astonished when his new master appeared at 7:50 p.m. He was not expected until exactly midnight.

"In ten minutes, we leave for Dover," declared Fogg. "We're going around the world in eighty days."

Passepartout's eyes opened wide. He raised his eyebrows and held up his hands in astonishment. [1]

"Around the world!" he murmured. "But ... I ... what can I pack in ten minutes?"

"Pack one small bag with two shirts and three pairs of socks for each of us," said Fogg. "We'll purchase whatever we need on the way. Be quick!"

☐ in astonishment 놀라서
☐ murmur 중얼거리다
☐ pack (짐)을 싸다; 짐을 꾸리다
☐ whatever …하는 것은 무엇이든지
☐ add A to B A를 B에 더하다
☐ along with …와 함께
☐ roll of banknotes 지폐 다발(뭉치)
☐ move out of …을 빠져나가다, 떠나다

"And I wanted a quiet, predictable life!" thought Passepartout as he went upstairs.

At eight o'clock he had finished packing and went back downstairs. Fogg added a railway guide and a steamship timetable to the bag, along with a large roll of banknotes.

"Take good care of this," he said. "There are twenty thousand pounds in it."

Passepartout almost dropped the bag in astonishment.

By 8:40 p.m., they were seated on the train to Dover and five minutes later the train slowly moved out of the station.

---

1 **hold up** 들어올리다
   He raised his eyebrows and held up his hands in astonishment.
   그는 놀라서 눈썹을 치켜올리고 두 손을 들어올렸다.

By the time Fogg and Passepartout reached France, news of the wager was in all the English papers. Most newspapers said Fogg's project was madness. The *Daily Telegraph* alone supported him. On the 7th of October, a long article appeared in the Royal Geographical Society magazine. It looked at the journey from every point of view and demonstrated the stupidity of the enterprise.

Members of the Reform Club, as well as the general [1] public, immediately began making heavy bets for or against Phileas Fogg.

But a week later, he was deprived of any support whatsoever when a rumor surfaced that he was the gentleman that had robbed the bank of England! His photograph at the Reform Club was found to match exactly the description of the robber. And when people recalled his solitary ways and sudden departure, these were deemed suspicious. It was clear that he was taking this tour around the world not in an attempt to win a wager but as a way to throw the police off his track. [2]

1 **A as well as B** A에 더하여 B도
Members of the Reform Club, as well as the general public, immediately began making heavy bets for or against Phileas Fogg. 혁신 클럽에 더하여 일반 사람들도 즉시 필리어스 포그 쪽으로 혹은 그 반대쪽으로 내기를 걸기 시작했다.

2 **throw〔put〕 ... off one's track** …의 추적을 따돌리다
It was clear that he was taking this tour around the world not in an attempt to win a wager but as a way to throw the police off his track. 그는 내기에서 이기려는 시도에서가 아니라 경찰의 추적을 따돌리기 위한 방법으로 세계일주를 하는 것이 분명했다.

☐ **madness** 미친〔어리석은〕 행동
☐ **support** 지지하다
☐ **article** 기사
☐ **from every point of view** 모든 관점에서
☐ **demonstrate** 증명하다, (실험·실물로) 설명하다
☐ **stupidity** 어리석음, 우둔함
☐ **enterprise** (모험적인) 사업
☐ **make a bet for〔against〕** …쪽〔반대쪽〕으로 내기를 걸다

☐ **be deprived of** …을 잃다
☐ **whatsoever** (부정문에서 명사 뒤에서) 약간의 …도 없는
☐ **surface** 드러나다, 표면화되다
☐ **description** 인상착의
☐ **recall** 상기하다
☐ **solitary** 혼자 있기를 좋아하는
☐ **be deemed** 여겨지다
☐ **suspicious** 수상쩍은
☐ **in an attempt to+동사원형** …하려는 시도로

 Check-up Time!

● WORDS

빈칸에 알맞은 단어를 고르세요.

1 His only _____ were reading the paper and playing cards.
   a. funds   b. pastimes   c. winnings

2 The clock _____ the hours, minutes, seconds, days, months, and years.
   a. dismissed   b. observed   c. indicated

3 Their behavior was impulsive and _____.
   a. serene   b. unpredictable   c. respected

● STRUCTURE

빈칸에 알맞은 전치사를 보기에서 골라 문장을 완성하세요.

as	of	into	to	from

1 That doesn't take the unexpected _____ account.

2 I entered service _____ a valet in England 5 years ago.

3 He inspected the house _____ cellar to attic.

4 According _____ a witness, the robber was a well-dressed gentleman.

5 He was deprived _____ any support whatsoever.

본문의 내용과 일치하면 T에, 일치하지 않으면 F에 표시하세요.

		T	F
1	Fogg had been absent from London for many years.	☐	☐
2	Passepartout was once a gymnastics instructor and a fireman.	☐	☐
3	Fogg was a tall, good-looking man of about fifty.	☐	☐
4	There was a rumor that Fogg had robbed the bank of England.	☐	☐

● SUMMARY

빈칸에 맞는 말을 골라 이야기를 완성하세요.

Phileas Fogg was a perfect type of serene (   ) and was as predictable as a machine. One day he hired a new (   ) named Jean Passepartout and went to the Reform Club. There he wagered twenty thousand pounds that it was possible to travel around the world in eighty days. That night he left for (   ) with Passepartout. Most newspapers said his project was (   ) and the general public began making bets for or against Fogg.

a. madness

b. France

c. Englishman

d. servant

ANSWERS

On the Trail of a Bank Robber

은행 절도범을 좇아서

It was a detective named Fix who started the rumor about Fogg. Detective Fix had been dispatched from England to Suez immediately after the robbery, and a week later he was standing on the wharf at Suez. As he carefully examined the passengers disembarking from the steamer, Mongolia, a passenger approached him.

"Excuse me, sir," said the man, "where can I have this passport visaed?"

Fix took the passport and read the description of its bearer. It was identical to that* of the bank robber!

"Is this yours?" he asked.

"No. It's my master's," said the man.

> *여기서 that은 앞서 말한 명사의 반복을 피하기 위해 쓰인 지시대명사로 the description 대신 쓰였답니다.

1 **make one's way to** ⋯로 가다
He hurried away and Fix rapidly made his way to the consulate.
그는 서둘러 돌아갔고 픽스는 급히 영사관으로 갔다.

□ **on the trail of** ⋯을 뒤쫓는
□ **detective** 형사
□ **disembark from** ⋯에서 내리다, 하선하다
□ **bearer** 소지자
□ **be identical to** ⋯와 동일하다

□ **consulate** 영사관
□ **in person** 직접, 몸소
□ **a little distance off** 조금 떨어져 있는
□ **consul** 영사
□ **arrest warrant** 체포 영장
□ **concern** 관심사, 일

"Then he must go to the consulate in person," said
Fix, indicating a building a little distance off.

"I'll tell him," said the man.

He hurried away and Fix rapidly made his way to [1]
the consulate.

"Consul," he said, "The London bank robber is
a passenger on the Mongolia. His name is
Phileas Fogg. Please refuse to visa his
passport. I must keep him here until
I get an arrest warrant from London."

"That's your concern," said
the consul. "I can't
refuse a visa if he
requests it."

Just then, a knock sounded at the door and Passepartout and Phileas Fogg entered. Fogg held out his passport and asked the consul to visa it.

"You are Mr. Phileas Fogg?" asked the consul, looking at the passport.

"I am," replied Fogg.

"And where are you going?" said the consul.

"Bombay,* " said Fogg.

봄베이는 뭄바이(Mumbai)의 옛이름이에요.
인도 최대의 도시로 수에즈 운하개통과 함께 인도에서 유럽에 이르는 최단거리에 위치하게 되었답니다.

"Very good, sir. You know that a visa is useless and that no passport is required?"

"I know it, but I need the visa to prove that I came by Suez."

"Very well, sir," said the consul.

He signed and dated the passport and added his official seal. Fogg paid the fee and then he bowed and went out, followed by Passepartout. He gave instructions to Passepartout and returned to his cabin on the Mongolia. There, he took out a notebook which contained information about his travels from London to Suez. The information was written into an itinerary divided into columns. There was a column for the date and other columns for the expected and actual arrivals times at all their ports of call. There was also a column for noting any gain or loss of time at each locality.

He wrote, "Reached Suez, Wednesday, October 9th, at 11 a.m. Total days spent so far is six and a half." He was exactly on schedule.

□ hold out 내밀다
□ come by 들르다
□ date …에 날짜를 기입하다
□ official seal 관인
□ fee 수수료, 비용
□ give instructions to …에게 이런저런 지시를 하다
□ cabin 선실
□ contain 담고 있다

□ itinerary 여행 일정표
□ divided into …로 나누어진
□ column 칸
□ port of call 기항지, 들르는 곳
□ note 언급하다
□ locality 장소
□ so far 지금까지
□ on schedule 예정대로인

Meanwhile, Fix had gone looking for Passepartout. He found him on the quay and greeted him.

"Are you exploring?" asked Fix.

"In a way," said Passepartout. "We came away in a hurry with only a few things. I must buy some clothes for my master. Can you direct me to a store?"

"Of course," said Fix. "Come, I'll take you there."

They began walking toward the town.

"So, where is your master going in such a hurry?" asked Fix.

"Around the world," said Passepartout. "In eighty days for a wager, he says."

"Is he rich?" asked Fix.

"Undoubtedly," said Passepartout. "He's carrying an enormous sum in brand new banknotes. And he has offered a large reward to the engineer of the Mongolia if we reach Bombay ahead of schedule."

---

1 **cast suspicion on** ···에게 혐의를 두다
He sent the following telegram, which started the rumor that cast suspicion on Phileas Fogg.
그는 다음의 전보를 보냈는데, 이것이 필리어스 포그에게 혐의를 두는 소문을 촉발시켰다.

2 **make good speed** 빠르게 가다
The journey was uneventful and the ship made good speed.
여행은 별다른 사고가 없었으며 배는 빠르게 갔다.

When they reached the clothing store, Fix left
Passepartout to make his purchases and hurried to the
telegraph office. He sent the following telegram, which
started the rumor that cast suspicion on Phileas Fogg. [1]

> To Rowan, Commissioner of Police, Scotland Yard
> I've found the bank robber, Phileas Fogg in Suez.
> Send an arrest warrant to Bombay without delay.
> Detective Fix

Then he boarded the Mongolia just before it set sail.
The journey was uneventful and the ship made good [2]
speed, reaching Bombay two days ahead of schedule.
Fogg calmly noted this gain in his itinerary.

□ quay 부두
□ greet …에게 인사하다
□ explore 둘러보다, 탐사하다
□ in a way 어떤 면에서는
□ come away in a hurry with
  …을 가지고 급히 떠나다
□ direct A to B A에게 B로 가는 길을
  알려 주다
□ sum 금액
□ brand new 완전 새것인
□ offer a reward 보상금을 걸다
□ ahead of schedule 예정보다 일찍

□ make one's purchases
  물건들을 사다
□ telegraph office 전신국
□ telegram 전보
□ commissioner 경찰 청장
□ Scotland Yard 런던 경찰청
□ without delay 지체 없이, 즉각
□ board (배·비행기·기차)에 타다
□ set sail 출항하다
□ uneventful 특별한 사건이 없는
□ note 적어두다

In Bombay, Fogg gave Passepartout some errands to do and told him to be at the station promptly at 8:00 p.m. to catch the Calcutta train. Then he had his passport visaed before going to the railway station restaurant and ordering dinner.

Passepartout purchased the usual supply of shirts and socks. Then he took a leisurely stroll around the streets, taking in the sights and exploring the colorful bazaars. On Malabar Hill, he saw a beautiful temple and had an irresistible urge to see the interior.

□ give ... some errands to do
　…에게 몇 가지 심부름을 시키다
□ promptly 정확히 제 시간에
□ supply 준비품
□ take a leisurely stroll around
　…주위를 어슬렁거리다
□ take in …을 눈여겨 보다
□ bazaar (동양국가들의) 시장 거리
□ have no way of knowing that절
　…을 알 길이 없다

□ be supposed to + 동사원형
　…하기로 되어 있다
□ enraged 격분한
□ priest 승려
□ tear off 벗기다 (tear-tore-torn)
□ leap to one's feet 벌떡 일어나다
　(leap-leapt-leapt)
□ fight off …을 싸워 물리치다

He had no way of knowing that visitors were supposed to leave their shoes outside the door of the temple. No sooner had ☀ he entered the building than three enraged priests seized him, tore off his shoes and beat him to the ground. Passepartout leapt to his feet, fought off the priests and ran out of the temple.

1 **have an irresistible urge to + 동사원형** …하고 싶은 강한〔억제할 수 없는〕 호기심을 가지다
On Malabar Hill, he saw a beautiful temple and had an irresistible urge to see the interior. 말라바르 언덕에서 그는 아름다운 신전을 보고서 내부를 구경하고 싶은 강한 호기심을 가졌다.

Mini-Less☀n

No sooner ... than ~ : …하자마자 ~하다
'…하자마자 ~하다'라는 표현을 하고 싶을 때는 「No sooner had + 주어 + p.p. + than + 주어 + 과거형 동사」를 써요. 강조를 위해 no sooner가 문두에 오면서 어순이 도치되어 had가 주어 앞에 놓였다는 점, 꼭 기억해 두세요.

• No sooner had he entered the building than three enraged priests seized him.
그가 그 건물에 들어서자마자 격분한 세 명의 승려들이 그를 붙잡았다.

At five minutes before eight, Passepartout, hatless, shoeless, and having lost his package of shirts and socks ☀ in the fight, rushed breathlessly into the station.

He explained his adventure to Fogg.

"I hope that this won't happen again," said Fogg coldly, as they boarded the train.

Fix, who was hiding close by, heard the conversation. He had been disappointed earlier in the day to learn that the arrest warrant would not arrive from London for a week. New hope filled his heart.

"Passepartout has committed an offence on Indian [1] soil," he thought. "Fogg will naturally be held [2] responsible for his servant's actions. I'll alert the authorities and have them arrested in Calcutta. I've got him!"

□ hatless 모자를 안 쓴
□ package 꾸러미
□ rush into …안으로 뛰어들다
□ breathlessly 숨이 차서, 헐떡이면서
□ explain A to B A를 B에게 설명하다
□ adventure 뜻밖의 사건

□ close by 가까이에서
□ soil 영토
□ naturally 당연히
□ alert …에게 경보를 발하다
□ authorities 당국, 관계자
□ arrest 체포하다

1 **commit an offence** 범죄를 저지르다, 법을 어기다
Passepartout has committed an offence on Indian soil.
파스파르투는 인도 영토에서 범죄를 저질렀어.

2 **be held responsible for** …에 책임을 지다

Fogg will naturally be held responsible for his servant's actions.
포그는 당연히 자신이 거느리는 하인의 행동에 책임을 져야지.

Mini-Less⚫n

완료분사구문: having + p.p.

분사구문 쪽의 시제가 주절의 시제보다 이전에 일어난 일을 나타낼 때는 완료분사구문인
「having + p.p.」를 씁니다.

• Passepartout, hatless, shoeless, and having lost his package of shirts and shoes,
  rushed breathlessly into the station. 파스파르투는 모자도 없이, 신발도 없이, 셔츠와 양말
  꾸러미까지 잃어버린 채, 간신히 기차역으로 뛰어 들어왔다.

• Having met her before, I soon recognized her. 전에 그녀를 만난 적이 있었기 때문에, 나는
  그녀를 금방 알아보았다.

 Check-up Time!

● **WORDS**

빈칸에 알맞은 단어를 보기에서 골라 써넣으세요.

| contained   disembarked   dated   committed   alerted |

1 The passengers _____ from the steamer.

2 He signed and _____ the passport.

3 The notebook _____ information about his travels.

4 He _____ the authorities and had them arrested.

5 He has _____ an offence on Indian soil.

● **STRUCTURE**

괄호 안의 두 단어 중 알맞은 단어를 골라 문장을 완성하세요.

1 The rumor cast suspicion (in / on) Fogg.

2 He indicated a building a little distance (off / from).

3 He took a leisurely stroll, taking (in / out) the sights.

4 He is naturally held responsible (to / for) his servant's actions.

5 The detective was (on / in) the trail of the bank robber.

● COMPREHENSION

다음은 누가 한 말일까요? 기호를 써넣으세요.

a.

Passepartout

b.

Fix

c.

Fogg

1 "Then he must go to the consulate in person."　_____

2 "He is carrying an enormous sum in brand new banknotes."　_____

3 "I hope that this won't happen again."　_____

● SUMMARY

빈칸에 맞는 말을 골라 이야기를 완성하세요.

Detective Fix was dispatched from England to (　　) to catch the bank robber. There he met Passepartout and became certain that Fogg was the robber. So Fix decided to follow him and boarded the Mongolia. In (　　), Passepartout saw a beautiful temple and entered it with (　　) on. Three enraged (　　) seized him and beat him to the ground. But he ran out of the temple and rushed into the train station.

a. Bombay　　　b. priests　　　c. Suez　　　d. shoes

ANSWERS

An Eventful Journey by Elephant

코끼리를 타고 흥미진진한 여행을

As the train left the station Fogg was surprised to find himself sharing a carriage with Sir Francis Cromarty, with whom he had become acquainted on the Mongolia. Sir Francis knew the purpose of Fogg's journey and privately thought Fogg was self-indulgent and foolish.

They exchanged a few words from time to time during the night as the train left the mountains and crossed the flat country of the Khandeish.

At 8:00 a.m., the train stopped at a small village in the middle of a forest clearing.

The conductor shouted, "Passengers will get out here!"

"What do you mean?" asked Sir Francis.

"The railway isn't finished yet," said the conductor.

"What!" said Sir Francis. "But the newspapers recently announced the opening of the railway line to Calcutta."

"Unfortunately, they were mistaken," said the conductor. "Passengers must find their own way to

Allahabad from here."

"Mr. Fogg, this delay will disadvantage you," said Sir Francis.

"Not at all," said Fogg. "It was expected."

"What! How could you know?" said Sir Francis.

"I knew that some obstacle would arise sooner or later," said Fogg. "A steamer leaves Calcutta for Hong Kong at noon on the 25th. This is the 22nd. We will reach Calcutta in time."

The other passengers had already hired every carriage, palanquin and pony in the village. Fogg and Sir Francis searched the village from end and to end and found nothing. But Passepartout quickly found a solution to their transport problem. One of the villagers owned an elephant!

□ eventful 흥미진진한, 갖가지 사건이 있는
□ find oneself ...ing 자신이 ⋯임을 알다
□ become acquainted with ⋯와 친분 〔안면〕이 있게 되다
□ self-indulgent 제멋대로 하는
□ clearing 빈터, 개간지
□ mistaken 착각한
□ find one's own way 스스로 길을 찾아가다

□ disadvantage ⋯에게 손해를 입히다, 불리하게 작용하다
□ obstacle 장애
□ arise 생기다, 발생하다 (arise-arose-arisen)
□ sooner or later 조만간
□ palanquin 가마
□ pony 조랑말
□ solution to ⋯에 대한 해결책

At first, the owner was reluctant to sell the elephant [1] but he yielded when Fogg offered two thousand pounds. A young Parsee* was hired as a guide, with Fogg promising him a generous payment at the end of their journey.

'파시 교도'라는 뜻으로 인도에 사는 페르시아계의 조로아스터 교도를 말합니다.

Sir Francis and Fogg settled into the howdahs on either side of the beast's back. Passepartout sat astride [2] the saddlecloth between them, and the Parsee perched on the elephant's neck. At 9:00 a.m. they set out, taking the shortest route to Allahabad. They rested overnight at a bungalow halfway to their destination and moved on again early the next day.

At 2:00 p.m., the guide led the elephant into a thick forest and a moment later suddenly stopped. He jumped to the ground and plunged into the forest.

He soon returned and said, "A procession of Brahmins is coming this way. We must not be seen."

He swiftly and silently led the elephant into the trees.

---

[1] **be reluctant to + 동사원형** …하는 것을 꺼리다
At first, the owner was reluctant to sell the elephant.
처음에 그 주인은 코끼리를 파는 것을 꺼렸다.

[2] **sit astride** … 위에 두 다리를 벌리고 앉다
Passepartout sat astride the saddlecloth between them.
파스파르투는 두 사람 사이에 있는 안장 깔개 위에 두 다리를 벌리고 앉았다.

- □ yield 굴복하다
- □ be hired as …로 고용되다
- □ generous 후한
- □ payment 지불(금)
- □ settle 앉다, 자리를 잡다
- □ howdah 하우다(코끼리·낙타 위에 얹는,
  보통 두 사람 이상을 위한 좌석)
- □ either side of …의 양옆
- □ saddlecloth 안장 깔개
- □ perch on (꼭대기)에 자리잡다

- □ route 진로
- □ overnight 하룻밤 동안
- □ bungalow 단층집, 방갈로
- □ destination 목적지
- □ plunge into …로 뛰어들다
- □ procession 행렬
- □ Brahmin(Brahman) 브라만
  (인도의 카스트 제도에서 최고 지위인
  승려 계급의 사람)
- □ swiftly 재빠르게, 신속하게

Moments later, the procession appeared with
Brahmin priests marching in front of a crowd that
was singing a mournful song. Other Brahmins
followed them leading a young, fair-skinned woman
who hesitated at every step. She wore a tunic
bordered with gold and her ears, arms, hands, and
toes sparkled with jewels. The armed guards who
followed her carried the richly dressed body of an old
man on a palanquin. The procession soon
disappeared in the depths of the forest.

1 **be to + 동사원형** ···해야 하다, ···할 예정이다
   The poor woman is to be burned alive?
   저 불쌍한 여인이 산 채로 화장을 당해야 한다고요?

"The corpse is her husband," said the guide. "He is a rajah of Bundelcund. They'll spend the night at the temple at Pillaji and at dawn tomorrow she will be burned along with her husband."

"What!" exclaimed Passepartout. "The poor woman is to be burned alive?" [1]

"Yes," said Sir Francis. "It's a terrible custom but most widows prefer to die this way. Otherwise her relatives would beat her and starve her to death."

The guide shook his head and said, "This sacrifice isn't voluntary. She's drugged and unable to resist."

"I've twelve hours to spare," said Fogg. "Let's save her."

"Why, you're a man of great heart!" said Sir Francis.

"Sometimes," replied Fogg, quietly, "when I have the time."

- □ priest 승려
- □ mournful 구슬픈
- □ fair-skinned 피부가 흰, 분결 같은
- □ hesitate (잠깐) 멈추다, 쉬다
- □ tunic 튜닉(엉덩이 위까지 내려오는
  여성용 상의)
- □ bordered with …로 테두리를 두른
- □ armed 무장한
- □ richly dressed 훌륭하게 차려 입은
- □ corpse 시체
- □ rajah (인도의) 족장

- □ exclaim 소리치다
- □ custom 관습
- □ widow 미망인, 과부
- □ otherwise 만약 그렇지 않다면
- □ beat(starve) ... to death
  …을 때려(굶겨) 죽이다
- □ sacrifice 희생
- □ voluntary 자발적인
- □ drugged 마약에 취한, 약에 마취된
- □ resist 저항하다
- □ spare (시간을) 내다, 할애하다

The guide explained that the woman was the daughter of a wealthy Bombay merchant. She had received an excellent English education and could pass for a European because of her fair skin. After her parents died, she was married against her will to the old rajah and widowed after three months. She escaped but was retaken and since then the rajah's relatives had been preparing her for this sacrifice.

When night fell, the would-be rescuers hid among the trees near the temple. They hoped to slip inside to rescue the young woman when everyone was asleep. But even when the mourners finally fell exhausted to the ground, the armed guards remained at the temple entrances.

"We can do nothing," whispered Sir Francis.

"Be patient," said Fogg. "I don't have to be at Allahabad until noon tomorrow. A chance may come at the last moment."

Meanwhile, an ingenious idea had occurred to Passepartout and he slipped quietly away from the others.

- □ merchant 상인
- □ be married to …와 결혼하다
- □ against one's will …의 뜻에 반하여
- □ be widowed 미망인이 되다
- □ be retaken 다시 잡히다
- □ would-be (명사 앞에서) 장차 …이 되려고 하는
- □ slip 살며시 가다(오다)
- □ mourner 조문객
- □ fall exhausted to the ground 지쳐서 땅에 쓰러지다
- □ ingenious 기발한
- □ occur to …에게 떠오르다 (occur – occurred – occurred)

1 **pass for** …로 통하다
She had received an excellent English education and could pass for a European because of her fair skin.
그녀는 훌륭한 영국식 교육을 받았고, 흰 피부 때문에 유럽 여자로 통할 정도였다.

At dawn, preparations for the sacrifice began. The rajah's body was laid on a funeral pyre as the guards led the woman from the temple. She was semi-conscious and unable to walk unaided. Fogg and his companions watched as she was laid on the pyre beside her husband's body. Then a torch was brought, and the wood, heavily soaked with oil, instantly took [1] fire. Flames and smoke billowed into the air.

Fogg was about to rush forward when there was a loud scream. A terrified voice cried out from the crowd of mourners, "Aaeeaah! He lives!"

The horrified mourners covered their faces and fell terror-stricken to the ground as the rajah rose, took his wife in his arms, and descended from the pyre amid clouds of smoke.

---

1 **soaked with** ···을 흠뻑 먹은, ···에 흠뻑 젖은
Then a torch was brought, and the wood, heavily soaked with oil, instantly took fire.
그리고 횃불이 다가왔고, 기름을 흠뻑 먹은 장작은 이내 불이 붙었다.

☐ pyre 화장용 장작더미
☐ semi-conscious 의식이 반쯤 있는
☐ unaided 부축을 받지 않는
☐ companion 동반자, 동행인
☐ take fire 불이 붙다
☐ billow (연기 · 구름이) 피어오르다

☐ terror-stricken 공포에 사로잡힌
☐ descend 내려오다
☐ under cover of ···로 몸을 가리고, ···을 틈타
☐ whiz 핑 하며 날다
☐ trick 속임수

He approached Sir Francis and Fogg and said, "Let's go!"

It was Passepartout! He had slipped onto the pyre under cover of the smoke and saved the young woman.

A moment later, the rescuers had disappeared into the trees on the back of the elephant. Loud cries, and a bullet that whizzed through Fogg's hat, told them their trick had been discovered. But the elephant moved quickly through the forest and soon they were beyond the reach of the guards' bullets.

The young woman was still unconscious when the travelers reached Allahabad station. Fogg paid the guide the agreed price and gave him the elephant as a gift. The guide was astonished and grateful and Passepartout was proud of his master's generosity.

He went to the elephant and gave him several lumps of sugar. The elephant grunted his satisfaction before seizing Passepartout around the waist with his trunk and lifting him above his head. Passepartout laughed with delight. He patted the animal's trunk and was soon returned gently to the ground.

He then went off to purchase some European clothing for the young woman, returning in time to board the train to Benares.

---

1 **wish + 간접목적어(A) + 직접목적어(B)** A에게 B를 빌다
Sir Francis left the train, wishing Fogg success with his wager.
프란시스 경은 포그에게 내기에서의 성공을 빌면서 기차에서 내렸다.

☐ unconscious 의식이 없는
☐ grateful 고마워하는
☐ generosity 너그러움, 관대함
☐ lump of sugar 각설탕
☐ grunt one's satisfaction
  (동물이) 만족스러운 듯이 울다
☐ pat 쓰다듬다

☐ go off to + 동사원형 …하러
  자리를 뜨다
☐ emphasize 강조하다
☐ escort A to B A를 B까지 호위하다
☐ protect 보호하다
☐ behind time 예정보다 늦게
☐ regret 유감, 후회

During the two-hour journey, the young woman finally awoke and opened her beautiful dark eyes. In perfect English, she told them that her name was Aouda. Sir Francis explained what had happened, emphasizing the courage Phileas Fogg had shown during the rescue. And when Fogg offered to escort Aouda to Hong Kong, she gratefully accepted. She had a wealthy cousin there who would protect her.

At Benares, Sir Francis left the train, wishing Fogg [1] success with his wager. The train continued on until they finally arrived at Calcutta station, neither behind nor ahead of time. The two days Fogg had gained between London and Bombay had been lost in the journey across India, but he had no regrets.

? Aouda has a wealthy cousin
└ in _____ .

정답 Hong Kong

Mini-Less :*: n

neither A nor B: A도 B도 아닌(없는)

- The train continued on until they finally arrived at Calcutta station, neither behind nor ahead of time. 기차는 계속 달려서 일정보다 늦지도 빠르지도 않게 캘커타 역에 도착했다.
- Neither John nor Clara is at home right now. 지금 존도 클라라도 집에 없다.

 # Check-up Time!

● WORDS

다음 단어와 단어의 뜻을 서로 연결하세요.

1 clearing •
2 mournful •
3 ingenious •
4 pyre •

• a. clever, original, and effective
• b. open space in forest
• c. feeling or expressing sorrow or grief; sorrowful; sad
• d. a pile of burning material

● STRUCTURE

빈칸에 알맞은 단어를 보기에서 골라 문장을 완성하세요.

under	for	with	to	nor

1 They arrived at the station, neither behind _____ ahead of time.

2 The wood, heavily soaked _____ oil, instantly took fire.

3 She passed _____ a European because of her fair skin.

4 He saved the young woman _____ cover of the smoke.

5 He found a solution _____ their problem.

Structure | 1. nor 2. with 3. for 4. under 5. to
Words | 1. b 2. c 3. a 4. d

이야기의 흐름에 맞게 순서를 정하세요.

a. A bullet whizzed through Fogg's hat.

b. The rajah's body was laid on a funeral pyre.

c. When night fell, the would-be rescuers hid among the trees.

d. The horrified mourners covered their faces and fell terror-stricken to the ground.

(   ) → (   ) → (   ) → (   )

● SUMMARY

빈칸에 맞는 말을 골라 이야기를 완성하세요.

Fogg, Passepartout and Sir Francis were crossing India by (   ). Because of the unfinished railway tracks they had to get off at a small village and travel by (   ). In the forest they saw the funeral procession of an old (   ) and his wife. She was to be burned alive with her husband. Fogg and his companions decided to rescue her and followed the procession and finally Passepartout saved the young woman. Fogg offered to escort her to Hong Kong where her (   ) lived.

a. elephant   b. rajah   c. cousin   d. train

Summary : d, a, b, c
Comprehension : (c)←(b)←(d)←(a)

힌두교의 여러 신들

Gods of Hinduism

It is said that Hinduism is the religion of 330 million gods because there seems to be a Hindu god for every occasion. But many Hindus view the religion as a monotheistic religion with one Supreme Being. All other gods and goddesses are simply facets of this one God, Brahma.

힌두교는 의식마다 섬기는 신이 달라서 3억 3천만의 신을 믿는 종교라고도 한다. 그러나 많은 힌두교인들은 힌두교를 하나의 초월적 존재를 섬기는 일신교로 보고 있다. 다른 신은 모두 단순히 이 초월적 신 즉, 브라마가 다른 모습으로 변한 것으로 보는 것이다.

Ganesha has an elephantine countenance with a curved trunk, big ears, and the pot-bellied body of a human being. He is the destroyer of evils and obstacles. He is also worshipped as the god of success, education, knowledge, wisdom and wealth.

가네쉬는 굽은 코와 커다란 귀, 인간의 불룩 튀어나온 배를 지닌 코끼리 모습을 하고 있다. 가네쉬는 악과 장애물을 물리쳐준다. 또한 성공과 교육, 지식, 지혜, 부의 신으로 숭상 받는다.

Vishnu is the Preserver of life with his steadfast principles of order, righteousness and truth. When these values are under threat, Vishnu emerges to restore peace and order on earth. Vishnu is portrayed as blue or black skinned and has four arms. 비슈누는 질서와 정의, 진리에 대한 확고한 신념을 지닌 생명의 수호자이다. 이러한 가치들이 위협을 받으면, 비슈누는 이 땅에 평화와 질서를 회복하기 위해 나타난다. 비슈누는 푸르거나 검은 피부에 팔이 네 개인 것으로 그려진다.

Lakshmi is the household goddess of most Hindu families, and a favorite of women. She is the goddess of wealth and prosperity, both material and spiritual. 락슈미는 대부분의 힌두교 집에서 가정을 지켜주는 수호여신이자, 여인들이 따르는 여신이다. 락슈미는 정신과 물질 양면으로 부와 번창을 가져다 주는 여신이다.

Kali is the fearful and ferocious form of the mother goddess. The Hindu goddess includes all opposites: life and death, beauty and ugliness, motherliness and destruction. Kali is most often characterized as black or blue, partially or completely naked, with her tongue sticking out, multiple arms, and a necklace of decapitated heads. 칼리는 어머니 신이지만 무섭고 포악한 형상을 하고 있다. 칼리 여신은 대립되는 것들, 예를 들어 생명과 죽음, 미와 추, 포용과 파괴를 아우른다. 칼리 여신의 피부색은 대개 검거나 푸른 색으로 묘사되는데, 부분부분 혹은 완전히 살을 드러내며, 혀는 쑥 내밀고, 여러 개의 팔을 가진 채, 참수된 머리가 주렁주렁 매달린 목걸이를 하고 있다.

CHAPTER 4

Detective Fix's Desperate Trick

픽스 형사의 묘책

As Fogg and his companions were leaving Calcutta station, a policeman approached them and placed [1] Fogg and his servant under arrest. Then he took them to the police station, where they were led into a room with bars on the windows. Passepartout was beside himself with worry since a delay of any length would result in them missing the steamer to Hong Kong. Fogg remained as calm as always.

At 8:30 a.m. they were led into a courtroom. The Judge was seated behind a high desk at the front of the room with a crowd of Europeans and Indians already seated at the rear.

☐ desperate 필사적인
☐ bar 창살
☐ beside oneself with worry
　걱정으로 제정신이 아닌
☐ delay 지체, 지연
☐ length 시간, 기간
☐ result in …을 가져오다
☐ as calm as always 언제나처럼
　차분한
☐ courtroom 법정

☐ at the rear 뒤쪽에
☐ swing open (문이) 활짝 열리다
　(swing-swung-swung)
☐ complaint against …에 대한
　고소장
☐ sacred 신성한
☐ charge 혐의
☐ consult (시계 등)을 쳐다보다
☐ be up to …을 꾸미다
☐ victim 희생자, 제물

A door swung open and three Indian priests entered. Then the clerk of the court read the complaint against Phileas Fogg and his servant. They were accused of [2] illegally entering a sacred Brahmin temple.

"Do you admit the charge?" asked the Judge.

"Yes, sir," replied Fogg, consulting his watch, "but I want to hear these priests admit what they were up to at Pillaji."

"Yes," cried Passepartout. "They were going to burn their victim."

---

1 **place ... under arrest** …을 체포하다
   A policeman approached them and placed Fogg and his servant under arrest. 한 경찰관이 그들에게 다가오더니 포그와 하인을 체포했다.

2 **be accused of** …로 고소되다
   They were accused of illegally entering a sacred Brahmin temple. 그들은 신성한 브라만 사원을 무단으로 들어갔다는 이유로 고소되었다.

Mini-Less:•:n

See p. 129

동명사의 주어는 어떻게 나타낼까요?
동명사의 의미상의 주어는 보통 동명사 바로 앞에 소유격을 써서 나타내지만, 목적격을 써서 나타내기도 한답니다.

• Passepartout was beside himself with worry since a delay of any length would result in them missing the steamer to Hong Kong. 조금만 더 지체되면 그들이 홍콩행 기선을 놓치는 결과를 가져올 것이므로 파스파르투는 걱정으로 제정신이 아니었다.

• I felt even sadder about Mr. Hamel leaving. 나는 하멜 선생님이 떠나셔서 더욱 슬펐다.

The Judge and the priests stared with astonishment at the two accused men.

"What victim?" said the Judge. "Pillaji? Burn whom? We are talking about the temple of Malabar Hill at Bombay. It is illegal to interfere in this country's religious practices. We have these."

The Clerk placed a pair of shoes on his desk.

"My shoes!" cried Passepartout, before he would stop himself.

Passepartout's outburst convinced [1] the Judge that he had a guilty man before him.

"Then the facts are admitted?" he asked sternly.

"Admitted," replied Fogg coldly.

"Very well," said the Judge. "Passepartout is ²
condemned to imprisonment for two weeks and a fine
of three hundred pounds."

"Three hundred pounds!" cried Passepartout,
astounded at the size of the fine.

"And because it is probable that Passepartout acted on
his master's instructions," continued the Judge, "Phileas
Fogg is condemned to a week's imprisonment and a fine
of one hundred and fifty pounds."

> ❓ Fogg and Passepartout were
> ㄴ condemned to _____ pounds.

정답 450

1 **convince + 목적어(A) + that절(B)** A에게 B를 확신시키다
Passepartout's outburst convinced the Judge that he had a guilty
man before him.
파스파르투의 외침은 판사에게 자신 앞에 있는 이 사람이 유죄임을 확신시켰다.

2 **be condemned to** …형을 선고받다
Passepartout is condemned to imprisonment for two weeks and
a fine of three hundred pounds.
파스파르투는 이주일 간의 감금형과 3백 파운드의 벌금형을 선고받는다.

□ with astonishment 놀라서
□ accused 고소된, 기소된
□ illegal 불법인
□ interfere in …을 방해하다
□ religious practice 종교 의식
□ stop oneself 자제하다
□ outburst 외침, 탄성, 분출, 터짐

□ guilty 죄가 있는
□ imprisonment 구금, 감금, 투옥
□ fine 벌금
□ astounded at …에 놀라서
□ act on one's instructions …의
  지시에 따라 행동하다

Fix, who was sitting in a corner of the courtroom watching the proceedings with interest, rubbed his hands together with satisfaction. He still hadn't received the arrest warrant, but it would arrive within the week and he would finally have his man!

"I offer bail," said Fogg suddenly.

"Very well," responded the Judge. "One thousand pounds bail each. It will be returned to you when the term of your sentence has expired.* Meanwhile, do not leave India."

*때나 조건을 나타내는 부사절에서는 미래완료 대신 현재완료(has expired) 시제를 쏩니다.

Fix's heart sank!

Fogg placed two thousand pounds on the clerk's desk. Then he left the courtroom with Aouda and Passepartout and took a carriage to the wharf.

Fix followed in another carriage and watched as they boarded the Rangoon for Hong Kong.

"The rascal has escaped!" he exclaimed, stamping his feet in frustration. "Well, I'll follow him to the end of the world if I have to."

A few minutes later, he followed them aboard the steamer.

□ proceeding 소송(법적) 절차
□ bail 보석
□ term (정해진) 기간
□ sentence 형벌, (형의) 선고
□ expire 끝나다, 만료되다

□ sink 내려앉다 (sink-sank-sunk)
□ rascal 악당, 악한
□ stamp (발)을 구르다
□ in frustration 절망하여
□ aboard (배·비행기·기차 등)에 타고

For the first few days Fix hid in his cabin but
eventually he emerged and went on deck.
Passepartout was promenading up and down in the
forward part of the steamer. The detective rushed
forward with every appearance of extreme surprise,
and exclaimed, "You here, on the Rangoon?"

"What, Monsieur Fix, are you on board?" said
Passepartout, recognizing him. "Why, I left you at
Bombay, and here you are, on the way to Hong Kong!
Are you going around the world too?"

---

1 **be due to** + 동사원형 …할 예정이다
  The Rangoon was due to reach Hong Kong on the 5th of
  November. 랑군호는 11월 5일 홍콩에 도착할 예정이었다.

"No," replied Fix. "I'll stop at Hong Kong, at least for some days. And how is Mr. Fogg?"

Passepartout explained everything that had happened since they left Bombay, including all he knew of Aouda's history.

The Rangoon was due to reach Hong Kong on the [1] 5th of November but on the 3rd a terrible storm came, which slowed its progress. However, the sea became calmer the next day and at 5:00 a.m. on the 6th, the island of Hong Kong was sighted. The pilot* came aboard to guide the Rangoon into the port and Fogg asked him if he knew when a steamer would leave Hong Kong for Yokohama.

*여기서 pilot은 일정한 구역에서 선박에 탑승하여 안전한 수로로 안내하는 '뱃길 안내인'을 가리킨답니다.

"The Carnatic leaves at 5:00 a.m. tomorrow," said the pilot.

"Wasn't she* scheduled to depart on the 5th?" asked Fogg, calmly.

*여기서 she는 카내틱 호를 가리키는데요, 배는 여성으로 취급한답니다.

"Yes, sir," said the pilot, "but some repairs were required, which delayed her departure."

- □ eventually 마침내
- □ emerge 나타나다
- □ promenade 어슬렁거리다
- □ rush forward 앞으로 돌진하다
- □ stop at …에 들르다
- □ including …을 포함해서
- □ come aboard 승선하다
- □ be sighted 보이다
- □ be scheduled to + 동사원형 …하기로 예정되어 있다
- □ depart 출발하다
- □ departure 출발

When they entered Hong Kong, Fogg made inquiries
in the city and soon learned that Aouda's cousin had
left China two years before. He therefore had no [1]
choice but to take Aouda with him on the rest of the
journey.

"Go to the Carnatic and book three cabins," he said
to Passepartout.

Passepartout went off at a brisk trot to obey his
master's order. Aouda was delighted with this turn of
events. She had fallen head over heels in love with
the calm, silent Englishman.

When Passepartout reached the Carnatic, he was not
surprised to find Fix waiting at the wharf. By now, he
was certain that Fix had been sent by Fogg's friends at
the Reform Club to ensure that Fogg completed his
journey around the globe honestly. He decided to
tease Fix, although he would be careful not to betray
his suspicions.

"Well, Monsieur," said Passepartout, "you were
going to leave us at Bombay. Have you now decided
to go with us to America?"

"Yes," said Fix, through clenched teeth.

"Good!" exclaimed Passepartout, laughing heartily.

"I knew you could not persuade yourself to separate from us. Come and book your cabin."

They entered the steamer office and booked cabins for four people. The clerk told them that the repairs had been completed ahead of time and the steamer would leave that evening instead of next morning.

"That will suit my master all the better," said [2] Passepartout. "I'll inform him immediately."

Fix now decided to make a bold move.

"I'll have to confide in the Frenchman," he thought. "Fogg mustn't leave Hong Kong."

---

1 **have no choice but to + 동사원형** ···하는 수밖에 없다
He therefore had no choice but to take Aouda with him on the rest of the journey.
따라서 그는 나머지 여행에 아우다 부인을 데리고 가는 수밖에 없었다.

2 **suit ... all the better** ···에게 오히려 더 잘된 일이다
That will suit my master all the better.
제 주인님에게 오히려 더 잘된 일이군요.

☐ make inquiries 문의하다
☐ book 예약하다
☐ at a brisk trot 활기찬 걸음걸이로
☐ turn of events 사태 전환
☐ head over heels in love
   사랑에 빠져 정신을 못 차리는
☐ ensure ···을 확인하다
☐ tease 놀리다

☐ betray (자신도 모르게) 드러내다
☐ suspicion 의심
☐ through clenched teeth 이를 악물고
☐ heartily 마음껏, 열광적으로
☐ separate from ···와 떨어지다
☐ make a bold move 과감하게 행동하다
☐ confide in ···에게 털어놓다

Fix invited Passepartout into a tavern on the quay for a glass of wine. At small tables, men were drinking liquor and smoking long clay pipes stuffed with opium. From time to time, one of the smokers would fall into a drugged sleep and the waiters would carry him to a large bed at the end of the room.

Fix and Passepartout ordered two bottles of wine and began chatting amiably about the journey. When the bottles were empty, Passepartout rose to go and tell his master about the changed sailing time.

---

1 **go to trouble and expense for nothing** 굳이 성가신 일을 하고 비용을 쓰다
They've gone to a lot of trouble and expense for nothing.
그들은 굳이 성가신 일을 하고 헛된 비용을 쓴 거라고요.

2 **be desperate to + 동사원형** 필사적으로 …하려고 하다
Are those gentlemen at the Reform Club so desperate to ensure Mr. Fogg loses the wager? 혁신 클럽의 신사들은 필사적으로 포그 씨가 내기에서 지도록 하려 한단 말인가?

Fix caught him by the arm and said, "Wait a moment. I want to have a serious talk with you."

Passepartout resumed his seat.

"I'm going to tell you everything," said Fix.

"I know everything," said Passepartout. "Those gentlemen at the Reform Club sent you to spy on Mr. Fogg. They've gone to a lot of trouble and expense [1] for nothing."

"I'll give you five hundred pounds if you help me keep Mr. Fogg here for two more days," said Fix.

"What are you saying?" said Passepartout. "Are those [2] gentlemen at the Reform Club so desperate to ensure Mr. Fogg loses the wager? How dare they? Isn't it enough to suspect his honor?"

It was evident that Passepartout knew nothing about the robbery.

"Well," thought Fix, "if he isn't an accomplice, he'll help me. I'll tell him the truth."

□ tavern 술집
□ liquor 술
□ clay pipe 도기로 만든 파이프
□ stuffed with …로 채운
□ opium 아편
□ amiably 상냥하게, 친절하게

□ catch ... by the arm …의 팔을 붙잡다
□ resume one's seat 도로 앉다
□ spy on …을 염탐하다, 몰래 감시하다
□ for nothing 헛되이
□ accomplice 공범

"Listen to me," said Fix abruptly. "I'm not an agent of the members of the Reform Club. I'm a police detective. On the 28th of September, fifty-five thousand pounds was stolen from the Bank of England. We have a description of the robber which exactly matches that of Mr. Fogg."

"Nonsense!" cried Passepartout, striking the table with his fist. "My master is an honorable man!"

"How can you tell?" asked Fix. "You know almost nothing about him. He left London without luggage, carrying a fortune in banknotes. Would you like to be arrested as his accomplice?"

Passepartout was overcome by what he had heard [1] and held his head between his hands. Mr. Fogg, the savior of Aouda, that brave and generous man, a robber? Never!

"You must help me to keep him here in Hong Kong," insisted Fix.

- abruptly 갑자기, 불쑥
- agent 첩자
- fist 주먹
- tell 알다, 판단하다
- fortune 큰 돈, 거금
- savior 구조자
- insist 주장하다
- ignore 무시하다
- lean against …에 기대다
- light …에 불을 붙이다 (light-lit-lit)
- slip 슬며시 밀어 넣다
- stem 담배 설대
- take a puff (담배, 마약 등을) 한 모금 빨다
- sink into …에 빠져들다

"No!" said Passepartout. "I refuse!"

"Then please ignore what I've said," said Fix, "and let us drink."

He ordered more wine. The liquor made Passepartout sleepy and he was soon leaning weakly against the arm of his chair. Fix took an opium pipe from the table, lit it and slipped the stem between Passepartout's lips. The Frenchman took several puffs and quickly sank into a drugged sleep.

"At last!" said Fix. "Now, Fogg will not learn that the Carnatic is sailing tonight."

---

1 **be overcome by** ···에 압도되다
Passepartout was overcome by what he had heard and held his head between his hands.
파스파르투는 방금 자신이 들은 이야기에 압도되어 두 손에 얼굴을 파묻었다.

Check-up Time!

● WORDS

퍼즐의 빈칸에 들어갈 알맞은 철자를 써서 단어를 완성하세요.

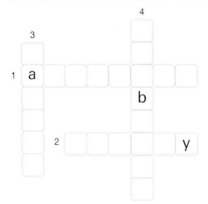

Across

1. 갑자기, 불쑥
2. (자신도 모르게) 드러내다

Down

3. 구조자
4. 탄성, 분출, 터짐

● STRUCTURE

알맞은 것을 골라 문장을 완성하세요.

1 He was overcome (by / in) what he heard.

2 He is condemned (for / to) imprisonment for two weeks.

3 It is illegal to interfere (in / on) this country's religious practices.

4 That will suit my master all the (well / better).

5 He had no choice but (to take / taking) her with him.

본문의 내용과 일치하면 T에, 일치하지 않으면 F에 표시하세요.

		T	F
1	Fogg placed two thousand dollars on the clerk's desk.	☐	☐
2	Fix and Passepartout met again on the Rangoon.	☐	☐
3	Passepartout promised Fix to help him keep Fogg two more days.	☐	☐
4	Fogg ordered Passepartout to book four cabins.	☐	☐

● SUMMARY

빈칸에 맞는 말을 골라 이야기를 완성하세요.

Fogg and Passepartout were accused of entering a sacred Brahmin (　　). Fogg paid bail and left the courtroom to go aboard the (　　). They arrived at Hong Kong and Passepartout found that the (　　) would leave ahead of time that evening instead of next morning. Passepartout tried to inform his master but Fix invited him into a (　　) and confided in him. Fix slipped an opium pipe between Passepartout's lips and he quickly fell into a drugged sleep.

a. Carnatic　　b. temple　　c. tavern　　d. Rangoon

CHAPTER 5

Passepartout and the Long Noses

파스파르투와 긴 코배기들

When Passepartout did not appear the next morning, Fogg calmly packed his bag, called for Aouda, and sent for a palanquin. Half an hour later, they reached the harbor only to find that the Carnatic had sailed the [1] night before. There was no sign of Passepartout.

At this moment, Fix approached them.

"Did you intend to sail on the Carnatic?" he asked.

"Yes," said Aouda.

"So did I, and I'm very disappointed," said Fix. ☀ "We must wait a week for another steamer."

As he spoke, Fix felt his heart leap for joy. In a week the warrant would arrive and he would arrest Fogg.

---

1 **only to + 동사원형** (어떤 일에 뒤따른 실망을 표현) ⋯하지만 (그 결과는) ~할 뿐
Half an hour later, they reached the harbor only to find that the Carnatic had sailed the night before. 반 시간 뒤, 그들은 항구에 도착했지만 카내틱호가 그 전날 밤 출항했다는 사실을 알았을 뿐이었다.

2 **as if + 가정법 과거절** 마치 ⋯인 것처럼
Fix followed as if he were attached to Fogg by an invisible thread. 픽스는 마치 보이지 않는 실에 의해 포그에 붙어 있는 것처럼 따라다녔다.

He was therefore horrified when he heard Fogg say,
"But there are other ships besides the Carnatic in the
harbor."

Fogg took Aouda's arm and began walking along the
docks in search of a ship about to sail. Fix followed as [2]
if he were attached to Fogg by an invisible thread.

Fogg's patience was finally rewarded when a sailor
asked if he was looking for a boat.

"I am," replied Fogg. "Have you a boat ready to sail?
Is it fast?"

영국 영어에서는 have가 '가지다'의 뜻일 때
의문문에서 조동사 do을 쓰지 않고 Have you …?로 하기도 한답니다.

"Yes, to both questions," said the man. "The
Tankadere is the best pilot boat in the harbor."

□ send for …을 부르러 (사람을) 보내다
□ intend to + 동사원형 …하려고 하다
□ leap for joy 기뻐서 뛰다
□ horrified 겁에 질린, 충격 받은

□ besides …외에, …을 제외하고
□ be attached to …에 붙어 있다
□ be rewarded 보상받다
□ pilot boat 수로 안내선

Mini-Lesson

So + do동사 + 주어: …도 그렇다

"So did I, and I'm very disappointed."의 So did I에서 did는 intended를
대신하고 있는데요, 이처럼 앞 사람의 상황에 이어 '…도 (역시) 그렇다'고 할 때는 동사를 반복하지
않고 「So + do동사 + 주어」 구문을 쓴답니다.

• A: My parents want me to go to medical school.
   우리 부모님은 내가 의과 대학에 진학하길 원하셔.
  B: So does my mother. 우리 어머니도 그러셔.

"I must get to Yokohama by the 14th to catch the
steamer for San Francisco," said Fogg. "Will you take us?
I'll pay you generously if we reach Yokohama in time."

☐ generously 후하게
☐ in time 시간에 맞게
☐ accompany …와 동행하다

☐ ask a favor 부탁하다
☐ be upset by …로 속이 상하다
☐ disappearance 사라짐, 실종

"We'd never reach Yokohama in time in my little boat," said the man. "But we could go to Shanghai. The San Francisco steamer starts from Shanghai on the 11th of November at 7:00 p.m. and sails for Yokohama. We have four days."

"It's a bargain," said Fogg. [1]

He turned to Fix, "Would you like to accompany us?"

"Yes, thank you. I was about to ask the favor," said Fix.

"Very well," said Fogg. "In half an hour we'll go on board."

"But what about poor Passepartout?" said Aouda, who was very upset by his disappearance.

"I'll do all I can to find him," replied Fogg. "He may [2] have boarded the Carnatic at the last moment and if so, we'll find him in Yokohama."

---

⑦ Fogg will go to ＿＿＿＿＿ on the Tankadere.
  └ a. Yokohama   b. Shanghai

　　　　　　　　　　　　　　　　　　정답 b

---

1 **It's a bargain.** 흥정이〔합의가〕된 것이다.
　"It's a bargain," said Fogg. "흥정이 된 겁니다."라고 포그가 말했다.

2 **may have + p.p.** …했는지도 모르다
　He may have boarded the Carnatic at the last moment and if so, we'll find him in Yokohama. 그는 마지막 순간에 카내틱호를 탔는지도 모르고 만약 그렇다면 우리는 요코하마에서 그를 찾을 겁니다.

The next day, the ship had made more than one [1] hundred miles and the breeze remained steady until a typhoon descended on them toward evening. The strong wind lifted the Tankadere like a feather and flung her about the mountainous waves.

"I think we should make for one of the ports on the coast," said the captain.

"I agree," said Fogg tranquilly, "but I know of only one. Shanghai!"

The captain saw that it was useless to argue.

"Very well!" he said. "To Shanghai it is!"

So the Tankadere kept steadily on her northward [2] track throughout the night. The storm was terrible and it was a miracle that the ship did not sink. When daylight came, the storm still raged but the wind had now returned to the southeast and the Tankadere raced forward.

□ breeze 미풍
□ fling A about B A를 B에 이리저리 내던지다 (fling-flung-flung)
□ mountainous waves 산더미 같은 〔집채만한〕 파도
□ tranquilly 조용히
□ rage (폭풍 등이) 맹위를 떨치다
□ race forward 앞으로 돌진하다
□ signal (사람·배)에 신호를 보내다; …을 신호로 알리다
□ hoist (돛·기 등)을 올리다 (= run ... up)
□ crewman (보통 남자) 승무원
□ half-mast 반기의 위치
□ signal of distress 조난 신호

At 7:00 p.m. on the 11th, the Tankadere was three miles
from Shanghai when the American steamer appeared on
the horizon.

"Signal her!" said Phileas Fogg quietly. "Hoist your
flag!"

The crewmen ran the flag up to half-mast, which was
the signal of distress. They hoped that the American
steamer would change her course when she saw it. They
also fired the little cannon that they used for signaling
their position in heavy fog. Would the steamer respond?

1 **make + 거리** ⋯을 가다
The next day, the ship had made more than one hundred miles.
다음 날, 배는 100마일 이상을 갔다.

2 **keep steadily on ... track** 꾸준히 ⋯ 항로를 유지하다
So the Tankadere kept steadily on her northward track throughout
the night. 그래서 탠커디어호는 밤새도록 북쪽 항로를 유지했다.

While the Tankadere was signaling the American steamer, the Carnatic was sailing at full steam toward Japan with Passepartout on board. Three hours after Fix had left him in the opium den, Passepartout had awoken and staggered to the wharf. He boarded the ship just before she sailed and fell asleep on the deck. In the morning, the pure sea air sobered him and he remembered the events of the previous night.

"I hope Fix has not followed us on board the Carnatic," he thought. "The liar! Mr. Fogg is no more a robber than I am a murderer."

He found the purser and asked for the number of Mr. Fogg's stateroom only to be told that there was no one by that name on board. Passepartout remembered with sudden dismay that the sailing time had been changed and he had not informed his master. Mr. Fogg and Aouda had missed the steamer! The wager was lost!

Passepartout was deeply agitated, but gradually he calmed down and began to study his situation. What would he do when he got to Yokohama? He did not know the language and he had no money. He spent some time deep in thought.

---

1 **at full steam** 전속력으로, 증기력을 모조리 내어
The Carnatic was sailing at full steam toward Japan.
카내틱호는 일본을 향해 전속력으로 달리고 있었다.

☐ den 소굴
☐ stagger 비틀거리며 걷다
☐ sober …의 정신이 들게 만들다
☐ purser (상선의) 사무장

☐ stateroom (큰 배의) 개인 전용실
☐ by that name 그런 이름을 가진
☐ with dismay 망연자실하여, 경악하여
☐ agitated 불안해 하는, 동요된

Mini-Less :☀: n   See p. 130

A is no more B than C is (D): A가 B가 아닌 것은 C가 D가 아닌 것과 같다

• Mr. Fogg is no more a robber than I am a murderer.
  포그 씨가 절도범이 아닌 것은 내가 살인자가 아닌 것과 같아.
• A whale is no more a fish than a horse is (a fish).
  고래가 물고기가 아닌 것은 말이 물고기가 아닌 것과 같다.

At dawn on the 13th, the Carnatic entered the port of Yokohama and Passepartout went ashore. He quickly found a dealer in old clothes who liked his European suit. Before long, Passepartout was dressed in old Japanese garments with a few small coins in his pocket.

He had just finished breakfast when he saw a clown carrying a sign through the streets. The sign, which was in English, read as follows:

ACROBATIC JAPANESE TROUPE
LAST SHOW OF THE LONG NOSES
BEFORE LEAVING FOR THE UNITED STATES!
GREAT ATTRACTION!

"The United States!" said Passepartout, "that's what I want!"

He followed the clown to the office of the owner of the carnival and offered his services as a servant.

"I don't need a servant," said the owner, "but I can take you as a clown. Are you strong?"

"Yes," said Passepartout, "especially after a good meal."

"Can you sing standing on your head, with a top spinning on your left foot, and a sabre balanced on your right?" asked the owner.

"Humph! I think so," replied Passepartout, recalling his younger days.

He was hired on the spot. [1]

Passepartout joined a group of acrobatic clowns called the Long Noses. They wore costumes with wings and had long bamboo noses fastened to their faces. Some noses were straight, others were curved and some had ribbons on them. A dozen of the Long Noses lay on their backs while others jumped from one nose to another with the most skilful leaps and somersaults.

---

[1] **on the spot** 그 자리에서, 즉석에서
He was hired on the spot. 그는 그 자리에서 채용되었다.

□ go ashore 상륙하다
□ dealer in …의 중개인
□ before long 곧
□ be dressed in …을 입고 있다
□ as follows 다음과 같이
□ acrobatic 곡예의
□ troupe 극단
□ attraction (사람을 끄는) 명물, 볼거리
□ carnival 서커스, 순회 공연
□ service (주로 복수로) 특정 기술을 가진 사람의 도움

□ especially 특히
□ top 팽이
□ spin 빙빙 돌다, 회전하다
  (spin-spun-spun)
□ sabre(saber) (날이 휘어진 무거운) 군도
□ balanced 균형(평행)이 이루어진
□ acrobatic clown 곡예사
□ costume 복장
□ fastened to …에 부착된, 묶인
□ somersault 공중제비, 재주넘기

As a last scene, a human pyramid was formed. Passepartout and the rest of the clowns who formed the pyramid base stretched themselves on the floor with their noses pointing to the ceiling. A second group of acrobats stood on these noses, then a third above these, then a fourth group. Soon, the pyramid reached almost to the ceiling with one clown standing alone at the top.

Suddenly, Passepartout abandoned his position and the pyramid shattered like a castle built of cards! He clambered into the audience and fell at the feet of one of the spectators, crying, "Ah, my master! My master!"

"We've been searching for you all day," said Fogg. "I discovered that you were in Yokohama and probably penniless but I didn't expect to find you here. Come! Let's go to the steamer, young man!"

At 6:30 p.m., with Passepartout still dressed in his costume, they boarded the General Grant bound for San Francisco.

☐ the rest of ···의 나머지
☐ pyramid base 피라미드의 맨 아랫부분
☐ stretch oneself 팔다리를 뻗다
☐ abandon one's position 자리를 이탈하다
☐ shatter 산산이 부서지다
☐ clamber into ···안으로 기어 들어가다
☐ spectator 관객
☐ penniless 무일푼의
☐ bound for ···로 향하는, ···행의

# Check-up Time!

● **WORDS**

빈칸에 알맞은 단어를 고르세요.

1 The strong wind _____ the Tankadere about the mountainous waves.

    a. raged   b. signaled   c. flung

2 The pure sea air _____ him and he remembered the events of the previous night.

    a. sobered   b. abandoned   c. staggered

3 He was dressed in an old Japanese _____ with a few coins in his pocket.

    a. troupe   b. garment   c. attraction

● **STRUCTURE**

괄호 안의 단어를 어법에 맞게 배열해 문장을 완성하세요.

1 He _____ _____ _____ the Carnatic at the last moment. (boarded, may, have)

2 Mr. Fogg is _____ _____ _____ _____ _____ I am a murderer. (more, a, no, than, robber)

3 They reached the harbor _____ _____ _____ _____ the Carnatic had sailed the night before. (find, only, that, to)

● COMPREHENSION

다음은 누가 한 말일까요? 기호를 써넣으세요.

a.

Aouda

b.

Fix

c.

Fogg

1 "It's a bargain." _____

2 "Yes, thank you. I was about to ask the favor." _____

3 "But what about poor Passepartout?" _____

● SUMMARY

빈칸에 맞는 말을 골라 이야기를 완성하세요.

Fogg missed the steamer for Yokohama but found a boat, the Tankadere, bound for Shanghai. He, Aouda and Fix went aboard. On their voyage a ( ) descended and they were 3 miles from Shanghai when the American steamer appeared. The Tankadere signaled the American steamer with a flag at half-mast and the ( ). Meanwhile Passepartout reached Yokohama and joined a group of ( ) called the Long Noses. When he was forming a human pyramid, he found his master in the ( ).

a. typhoon   b. clowns   c. cannon   d. audience

Comprehension | 1. c 2. b 3. a   Summary | a, c, b, d

Across the Wild, Wild West

거친 서부를 횡단하며

Aouda explained to Passepartout how she and Fogg had reached Shanghai on the Tankadere just as the Yokohama steamer was leaving the harbor. They had fired their cannon and the captain of the Yokohama steamer had seen their signal and changed course to investigate. He agreed to take the extra passengers on board.

They had reached their destination on the morning of the 14th of November.

Phileas Fogg lost no time going on board the Carnatic [1] and learned that Passepartout had traveled to Yokohama aboard her. He had inquired in vain at the French and English consuls.

---

1   **lose no time ...ing** 지체 없이 …하다
    Phileas Fogg lost no time going on board the Carnatic.
    필리어스 포그는 지체 없이 카내틱호에 승선했다.

2   **or + 가정법 과거 완료** 만약 그렇지 않았더라면 …했을 것이다
    Luckily, Passepartout had seen him, or they would never have
    been reunited.   운이 좋게도 파스파르투가 그를 보았고, 만약 그렇지 않았더라면
    그들은 결코 재회하지 못했을 것이다.

After searching the streets of Yokohama for a long time, Fogg had begun to despair of finding his missing servant. And then, by chance, he had wandered into the theater.

He did not recognize Passepartout in his eccentric costume. Luckily, Passepartout had seen him, or [2] they would never have been reunited.

When Passepartout heard that Fix had accompanied Mr. Fogg and Aouda on the voyage, he said nothing.

It was not yet the right time to tell his master what he knew about the detective. He told Fogg only that he had smoked opium at a tavern in Hong Kong. He did not mention that he had been drinking with Fix.

☐ investigate 조사하다
☐ take ... on board …을 승선시키다
☐ in vain 헛되이(= without success)
☐ despair of …에 대해 체념하다

☐ by chance 우연히(= by accident)
☐ eccentric 기묘한
☐ be reunited 재회하다

Fix was also aboard the General Grant. He now had the arrest warrant, but it was useless until Fogg returned to England. He had no choice but to continue following Fogg on his journey.

One day he met Passepartout quite by accident on the ship's deck and was immediately knocked to the ground by the furious Frenchman.

Fix got up and said, "Have you finished?"

---

1 **keep obstacles out of one's way** …가 가는 길에 놓인 장애물을 제거하다
So I will follow him and do all I can to keep obstacles out of his way. 그래서 나는 그를 따라갈 것이고, 그가 가는 길에 놓인 장애물을 제거하는 데 총력을 기울일 생각이오.

□ be knocked to the ground 땅에 때려 눕혀지다
□ furious 몹시 화가 난
□ for now 지금으로서는, 지금 당장은
□ attentively 신경 써서, 주의하여

□ good faith 선의
□ twist 비틀다
□ betray 배신하다
□ (That is) Agreed. 좋소., 알았소.

"For now, yes," said Passepartout.

"Then listen to me," said Fix. "I still think your master is the robber but I can't arrest him here. So I will follow him and do all I can to keep obstacles out of his [1] way because the sooner he is in England, the sooner I can arrest him."

Passepartout listened very attentively to Fix and was convinced that he spoke with good faith.

"I'll twist your neck if you betray us," he said.

"Agreed," said the detective quietly.

Mini-Less⋆n

The + 비교급, the + 비교급 : …하면 할수록 더 ~하다

- The sooner he is in England, the sooner I can arrest him.
  그가 빨리 영국에 도착하면 할수록, 나도 더 빨리 그를 체포할 수 있어.
- The nearer you get, the further it is. 네가 가까이 다가가면 갈수록, 그것은 더 멀어진다.

Eleven days later, on the 3rd of December, the General Grant reached San Francisco exactly on schedule. Fogg, Aouda and Passepartout set out for the International Hotel, where they were soon sitting down to a hearty breakfast. Then Fogg and Aouda started for the English consulate and Passepartout went off to purchase some guns. He had heard stories of attacks on the trains by Sioux Indians.

Fogg and Aouda met Fix on the steps of the hotel. The detective seemed to be completely taken by [1] surprise and asked permission to accompany them on their walk. Fogg agreed.

---

[1] **be taken by surprise** 깜짝 놀라다, 당황하다
The detective seemed to be completely taken by surprise and asked permission to accompany them on their walk.
형사는 깜짝 놀란 듯 보였으며 그들에게 산책하는 데 동행해도 되겠냐고 허락을 구했다.

□ set out for …을 향해 출발하다
 (= start for)
□ sit down to a hearty breakfast
 푸짐한 아침 식사 자리에 앉다
□ ask permission 허락을 구하다
□ political meeting 정치적 집회
□ favored 호감을 사고 있는
□ candidate 후보자
□ explode (싸움 등이) 일어나다

□ opposing faction 반대 진영
□ be engulfed by …에 휩싸이다
□ roughly 험하게
□ tailor's shop 양복점
□ rumpled 쭈글쭈글해진, 구김이 간
□ attend to …을 돌보다(처리하다)
□ suitably 적절하게, 알맞게
□ armed with …로 무장하고
□ revolver 회전식 연발 권총

In Montgomery Street, they found themselves in the middle of a great, angry crowd. It seemed to be some kind of political meeting, with people shouting out the names of their favored candidates.

Moments later a fight exploded among opposing factions in the crowd, Aouda was engulfed by the crowd and Fogg and Fix were pushed roughly as they attempted to protect her.

After escaping the crowd, Fix and Fogg went to a tailor's shop to have their rumpled and torn clothes attended to. An hour later they were once again suitably dressed, and returned with Aouda to the hotel. Passepartout was waiting for his master, armed with half a dozen revolvers.

At 5:45 p.m. the travelers reached the station and found the train ready to depart. It soon started off at full speed on its seven-day journey to New York.

The first delay came the next day at noon when thousands of buffalo began to cross the track. Night had fallen before the track was clear.

The next day, Fix suggested that they play whist to [1] pass the time. Fogg agreed and soon the players were [2] absorbed in the game. An hour later, the train stopped.

"See what is the matter," said Fogg to Passepartout.

Passepartout joined a crowd that had gathered outside the carriage. The news was bad.

"The bridge at Medicine Bow is shaky and won't bear the weight of the train," said the conductor. "We've telegraphed to Omaha for a train but it is likely that it will take six hours to reach Medicine Bow."

Passepartout clenched his fists in frustration at the thought of another delay.

- □ start off 출발하다
- □ at full speed 전속력으로
- □ buffalo 들소, 물소 (복수형은 buffalo 또는 baffaloes)
- □ clear 훤히 뚫린, 트인

- □ bear 감당하다
- □ telegraph 전보를 치다
- □ it is likely that절 …일 것 같다
- □ clench one's fists 두 주먹을 불끈 쥐다
- □ in frustration 좌절하여

---

1 **suggest that** + 주어(A) + (should) + 동사원형(B) A가 B하는 게 어떠냐고 제안하다
Fix suggested that they (should) play whist to pass the time.
픽스는 시간을 보내기 위해 그들이 휘스트 게임을 하는 게 어떠냐고 제안했다.

2 **be absorbed in** …에 몰두하다, 빠지다
Fogg agreed and soon the players were absorbed in the game.
포그는 동의하였고 곧 게임 참여자들은 게임에 몰두했다.

"Wait!" said the engineer. "If we go over the bridge at our highest speed we have a chance of success."

"Let's do it!" cried the other passengers.

"Sir," said Passepartout to the conductor, "perhaps it would be more prudent to ..."

"What! Are you afraid?" asked a passenger.

"Afraid?" muttered Passepartout to himself. "I'm as brave as any American! But wouldn't it be more sensible for us to walk across the bridge and let the train come after?"

□ prudent 신중한
□ mutter to oneself 혼자 중얼 (투덜)거리다
□ as brave as any 어느 …못지않게 용감한

□ sensible 지각 있는
□ like a flash 전광석화같이, 순식간에
□ leap 뛰어넘다
□ with a crash 무시무시한 소리를 내며
□ rapid (보통 복수형으로) 여울, 급류

Passepartout said nothing to his companions as he took his seat in the carriage.

The train moved forward, increasing its speed until it was moving at more than a hundred miles an hour. A moment later, they passed over the bridge like a flash! The train seemed to leap from one bank to the other, and the engineer could not stop it until it had gone five miles beyond the station. But scarcely had the train ☀ passed over the river, when the bridge, completely ruined, fell with a crash into the rapids of Medicine Bow.

Mini-Less☀n

Scarcely [Hardly] had + 주어 + p.p.(A), when [before] + 주어 + 과거형 동사(B): A한지 얼마 안 되어 B하다

- Scarcely had the train passed the river, when the bridge, completely ruined, fell with a crash into the rapids of Medicine Bow. 기차가 강을 건넌 지 얼마 안 되어, 완전히 망가진 다리는 메디신 보우의 급류 속으로 쾅 소리를 내며 무너져내렸다.

At Plum Creek station, the train stopped for one minute to set down passengers before setting off again. Half an hour later, the travelers heard gunshots and savage cries from outside the train. Soon there were gunshots inside the train and cries of terror from the passengers. The train was being attacked by a band of Sioux!

The Indians mounted the engine and stunned the engineer and stoker. Then a Sioux chief, wishing to stop the train, but not knowing how to work the regulator, opened wide the steam-valve instead of closing it. The locomotive plunged forward with terrific velocity.

The Sioux had at the same time invaded the cars, skipping like enraged monkeys over the roofs, and thrusting open the doors.

They fought hand to hand with the passengers. The travelers defended themselves bravely. The conductor was fighting beside Fogg, when he was shot and fell. At the same moment he cried, "We're almost at Fort Kearney station. The soldiers there will help us. We must stop the train now!"

"I'll do it!" cried Passepartout.

□ set down …을 내려 주다
□ gunshot 총소리
□ savage 야만적인, 몹시 사나운
□ band 무리, 떼
□ mount …에 올라가다
□ stun 기절(실신)시키다
  (stun-stunned-stunned)
□ stoker 화부
□ work 조작하다, 다루다
□ regulator (속도·온도·압력 등의)
  조절 장치(조절기)

□ locomotive 기관차
□ plunge forward 돌진하다
□ with terrific velocity 엄청난 속도로
□ invade …에 쳐들어가다
□ skip 펄쩍펄쩍 뛰어넘다
□ thrust open (문 등)을 밀쳐서 열다
□ fight hand to hand with …와 일대
  일로 싸우다 (fight-fought-fought)
□ defend oneself 자기 자신을
  지키다(방어하다)

Before anyone could stop him, Passepartout opened the door and slipped under the train without being seen. Quickly, he made use of his acrobatic experience, working his way under the moving carriages, and [1] finally reaching the forward end of the train. There, suspended by one hand between the baggage car and the locomotive, he loosened the safety chains. The locomotive broke away from the carriages and rushed forward with increased speed. The carriages moved for several minutes then stopped less than a hundred feet from the station. When the soldiers hurried from the station with guns blazing, the Sioux leapt from the train and retreated.

No one was seriously injured. Aouda was safe and Fogg, who had been in the thick of the fight, had not received a scratch. Fix was slightly wounded in the arm. Passepartout and two other passengers were missing.

"We must rescue Passepartout and the others," said Fogg to the commander of the fort. "If necessary, I'll go alone."

"You're a brave man," said the commander, "and everyone owes their lives to your servant. I'll send thirty soldiers to help you."

It was then a little past noon. Fogg gave Aouda the bag containing the last of his banknotes, and pressed her hand gently. Then he went off with the soldiers and Aouda went inside to a waiting room to wait alone.

---

1 **work one's way under** …밑으로 힘들게 나아가다
Quickly, he made use of his acrobatic experience, working his way under the moving carriages.
재빨리 그는 자신의 곡예단 시절의 경험을 활용하면서 달리는 객차 밑으로 힘들게 나아갔다.

- [ ] make use of …을 활용(이용)하다
- [ ] suspended by …에 매달려
- [ ] baggage car 화물칸
- [ ] loosen (잠겨 있는 것)을 풀다
- [ ] break away from …에서 달아나다, 벗어나다
- [ ] blaze (총이) 불을 뿜다
- [ ] retreat 물러가다, 후퇴하다
- [ ] injured 부상당한(= wounded)
- [ ] in the thick of …가 가장 격렬할 때에
- [ ] commander 지휘관
- [ ] fort 요새
- [ ] press 쥐다

At 2:00 p.m. the locomotive returned. It had run twenty miles beyond Fort Kearney before running out of steam. When the engineer and stoker regained consciousness, they rebuilt the fire and ran the locomotive in reverse to Fort Kearney. The waiting passengers began to embark.

"When are you going to start?" said Aouda to the conductor.

"At once," he said. "We're already three hours behind time."

"And when will another train pass here from San Francisco?" she asked.

"Tomorrow evening," he replied.

"But then it will be too late!" she cried. "We must wait!"

"It's impossible," said the conductor. "If you wish to go, please get in."

"I'll wait here," said Aouda.

Fix stayed with her and watched as the train started off.

---

1 **on the point of** 막 …하려는 찰나에
At dawn, the commander was on the point of sending another group to find the first, when gunshots were heard.
새벽에 지휘관이 먼저 간 병사들을 구하기 위해 다른 병사들을 막 보내려는 찰나에 총소리가 들렸다.

2 **for the sake of** …을 위하여
Why would a robber risk his life for the sake of others?
절도범이 왜 다른 사람들을 위하여 자신의 목숨을 걸려 한단 말인가?

Evening came and there was no sign of Fogg and the soldiers. The night passed slowly. A light dusting of snow fell, covering the prairie.

At dawn, the commander was on the point of sending [1] another group to find the first, when gunshots were heard. A band of men soon appeared with Fogg marching at their head. Behind him were Passepartout and the other two passengers. They had met and fought the Indians ten miles south of Fort Kearney. Not one of them had been injured.

Aouda silently took Fogg's hand and pressed it in her own.

Fix stared at Fogg in confusion.

"I'll never understand this man," he thought. "Why would a robber risk his life for the sake of others?" [2]

"Has the train gone?" cried Passepartout.

"Yes, but another is due this evening," said Fix.

"Ah!" said Fogg quietly.

□ run out of ···가 떨어지다
□ regain consciousness 의식을 회복하다, 제정신이 들다
□ rebuild the fire 불을 다시 지피다
□ in reverse 거꾸로, 반대로
□ embark 승차(승선)하다
□ at once 즉시, 곧

□ dusting 뿌리기, 살포
□ prairie 대초원
□ in confusion 당황하여, 혼돈스러운 마음으로
□ risk one's life ···의 목숨을 걸다 (무릅쓰다)

Fix approached Fogg and looked him intently in the face.

"Is it absolutely necessary that you be in New York  on the 11th, before 9 p.m.?" he asked. "You wish to catch the steamer that leaves for Liverpool?"

"It is absolutely necessary," said Fogg.

"A man named Mudge has a vessel that I believe will suit your purpose," said Fix.

The vessel was a long sledge designed to carry passengers between stations when snow covered the train tracks. It had a tall mast with two sails, and behind, a rudder served to guide the vehicle. Mudge was confident that he could transport Fogg and his companions in a few hours to Omaha. From there, trains ran frequently to New York.

At 8:00 a.m. the sledge was ready to start. The passengers took their places on it and wrapped themselves up closely [1] with their traveling-cloaks. Mudge raised the sails and the sledge sped off as lightly as a boat over the waves.

They reached Omaha station at noon and boarded the train for New York. At 11:15 p.m. on the 11th of December, the train stopped at the Hudson River wharf. The China, bound for Liverpool, had sailed three-quarters of an hour before!

---

1 **wrap oneself up with** …로 몸을 감싸다
The passengers took their places on it and wrapped themselves up closely with their traveling-cloaks.
여행객들은 썰매에 올라 자리를 잡고, 여행용 담요로 몸을 완전히 감쌌다.

☐ intently 뚫어지게, 골똘히
☐ absolutely 절대적으로
☐ vessel 기구, 보트, 배
☐ suit one's purpose …의 목적에
　부합하다
☐ sledge 썰매

☐ designed to + 동사원형 …하도록 고안된
☐ rudder 키
☐ be confident that절 …을 확신하다
☐ transport 수송하다
☐ speed off 질주하다
　(speed-sped-sped)

Mini-Lesson

It is necessary (important, essential) + that절

It is necessary (important, essential …) 뒤에 오는 that절에는 「should + 동사원형」을 쓰는데요, 이때 should는 생략하기도 한답니다.

• Is it absolutely necessary that you (should) be in New York on the 11th, before
　9 p.m.? 11일 저녁 9시 전에 뉴욕에 도착하는 것이 절대적으로 필요하십니까?
• It is important we (should) find where he is hiding now.
　그가 지금 숨어 있는 곳을 우리가 찾아내는 것이 중요하다.

 Check-up Time!

● WORDS

빈칸에 알맞은 단어를 보기에서 골라 써넣으세요.

furious	rumpled	prudent

1 It would be more _____ to read the contract carefully before signing it.

2 He was knocked to the ground by the _____ Frenchman.

3 They went to a tailor's shop to have their _____ and torn clothes repaired.

● STRUCTURE

알맞은 것을 골라 문장을 완성하세요.

1 He suggested that she (plays / play) whist to pass the time.

2 Luckily he had seen him, (or / and) they would never have been reunited.

3 I want to help him so I'll try to keep obstacles (in / out of) his way.

4 The commander was (on / in) the point of sending another group.

5 It is necessary that you (are / be) in New York before 9.

● COMPREHENSION

이야기의 흐름에 맞게 순서를 정하세요.

a. Aouda was engulfed by the crowd and Fogg and Fix were pushed roughly as they attempted to protect her.

b. Fogg and Aouda met Fix on the steps of the International Hotel.

c. Fix met Passepartout by accident on the ship's deck.

d. Thousands of buffalo began to cross the track.

(   ) → (   ) → (   ) → (   )

● SUMMARY

빈칸에 맞는 말을 골라 이야기를 완성하세요.

Passepartout met his companions again and they reached (   ). They continued on the journey to New York by train. But it was attacked by a band of (   ) and Passepartout went missing. Fogg risked his life and went to rescue Passepartout. The next day, they returned safely but the train for New York had been already gone. So (   ) arranged for a sledge to carry the passengers to Omaha station. They succeeded in catching the train for New York but missed the steamer bound for (   ).

a. Fix   b. Liverpool   c. Sioux   d. San Francisco

ANSWERS

Summary | d, c, a, b
Comprehension | (c)←(b)←(a)←(d)

Journey's End

세계일주의 끝

Phileas Fogg's last hope seemed to have sailed with ☀ the China. He and his companions took rooms at a hotel and the night passed. There remained nine days, thirteen hours, and forty-five minutes in which to reach London.

Next morning, Fogg left the hotel alone and went to the Hudson River to look for any ships that were ready to depart. He finally found one and approached the captain.

"I'm Phileas Fogg of London. You're ready to depart?" asked Fogg.

"I'm Andrew Speedy, captain of the Henrietta," said the man. "Yes, in one hour I sail for Bordeaux."

"Will you carry me and three others to Liverpool?" asked Fogg.

"No, I'm making for Bordeaux," said Speedy. "And I don't take passengers."

"Will you take us to Bordeaux for two thousand dollars apiece?" said Fogg.

Captain Speedy calculated quickly.
He would earn eight thousand
dollars without changing
his route.

"I start at 9:00 a.m.,"
said Speedy.

"We will be on board,"
said Fogg.

He hurried to the hotel,
and returned to the ship
with Aouda, Passepartout,
and Fix. They were on
board by the time the
Henrietta was ready
to sail.

□ make for …로 향하다
□ apiece 한 사람에 대하여, 각각

□ calculate 계산하다, 산정하다

Mini-Less :●: n

to have + p.p.: 완료부정사

Phileas Fogg's last hope seemed to have sailed with the China.
(차이나호와 함께 필리어스 포그의 마지막 희망도 떠나버린 것처럼 보였다.)에서 to have
sailed는 완료부정사로 본동사 seemed보다 앞서 일어난 일을 나타냅니다.

• He appears to have finished the work yesterday. 그는 그 일을 어제 끝낸 것처럼 보인다.

At noon the next day, Fogg mounted the bridge to calculate the Henrietta's position. Captain Speedy was locked in his cabin, shouting with anger. After trying unsuccessfully the previous day to persuade Speedy to take them to Liverpool, Fogg had bribed the crew to follow him. Now he was in command and the Henrietta was heading toward Liverpool.

On the 16th of December, the engineer told Fogg that the coal was almost gone.

"Keep the fires stoked until it's all gone," said Fogg. "Speed is essential!"

Fogg told Passepartout to fetch Speedy, and a few moments later the captain stormed onto the deck.

"Pirate!" he shouted at Fogg.

- □ bridge (선장·장교가 배를 지휘할 때 서는) 함교(연단)
- □ persuade + 목적어(A) + to + 동사원형(B) A에게 B하라고 설득하다
- □ bribe + 목적어(A) + to + 동사원형(B) A에게 B하라고 뇌물을 주다
- □ crew 일반 선원 전원
- □ in command 지휘하는
- □ head toward …쪽으로 향하다
- □ stoke a fire 불을 때다
- □ essential 극히 중요한
- □ fetch 가서 가져(데려)오다
- □ storm 화난 채 뛰쳐나오다
- □ hull 선체
- □ resentment 분함, 억울함
- □ pull down …을 해체하다, 허물다
- □ fuel …에 연료를 공급하다
- □ furnace 보일러, 용광로

1 **give out** 바닥나다, 동나다
I'll have to burn the upper part when the coal gives out.
석탄이 바닥나면 나는 배 윗부분을 태워야 할 것이오.

"I want you to sell me your ship," said Fogg calmly. "I'll have to burn the upper part when the coal gives [1] out."

"What! Burn my vessel!" cried Speedy. "She's worth fifty thousand dollars!"

"Here are sixty thousand dollars," replied Fogg, handing the captain a roll of banknotes. "You can keep the iron hull and the engine."

Speedy instantly forgot his anger and resentment.

"Agreed," he said.

Fogg immediately ordered the crew to pull down everything that would fuel the furnaces.

By the 20th only the iron hull remained. But on this day they sighted the Irish coast and the Fastnet Lighthouse. By ten in the evening they were passing Queenstown.* Phileas Fogg had only twenty-four hours in which to get to London. And the steam was about to give out altogether! [1]

아일랜드 남부 해안 도시로 1849년 빅토리아 여왕의 방문을 기념하여 1920년까지 썼던 지명이랍니다. 현재 지명은 Cobh(코브)예요.

"We'll dock at Queenstown," said Fogg. "We can take the mail train to Dublin and a fast ship to Liverpool from there."

At Queenstown, they boarded the train for Dublin and at 11:40 a.m. on the 21st of December, they reached Liverpool. It was only six hours from London by train. The wager was won!

But at that moment, Fix came up, put his hand on Fogg's shoulder, and, showing the warrant, said, "You are really Phileas Fogg?"

"I am."

"I arrest you in the Queen's name!"

□ sight (찾던 것)을 갑자기 보다
□ lighthouse 등대
□ altogether 완전히
□ dock (배가) 독[부두]에 들어가다

□ mail train 우편 열차
□ come up 다가오다
□ in A's name A의 이름으로

❓ Fogg went from Dublin to Liverpool by _____.
└ a. train   b. ship   정답은 b

1 **be about to + 동사원형** …하려 하다
And the steam was about to give out altogether!
그리고 증기는 완전히 바닥이 나려 하고 있었다!

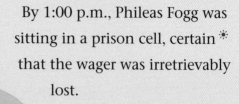

By 1:00 p.m., Phileas Fogg was sitting in a prison cell, certain ☀ that the wager was irretrievably lost.

But at 2:33 p.m., the door swung open and he saw Passepartout, Aouda, and Fix hurrying toward him. "Sir," stammered Fix, "please forgive me. You have[1] a most unfortunate resemblance to the robber. He was arrested three days ago. You're free to go!"

---

1 **have (a) resemblance to** ···와 닮다
You have a most unfortunate resemblance to the robber.
당신은 무척 운이 나쁘게도 절도범과 닮았습니다.

2 **look ... steadily in the eyes** ···의 두 눈을 응시하다
Phileas Fogg walked to the detective and looked him steadily in the eyes. 필리어스 포그는 형사에게 걸어가더니 그의 두 눈을 응시했다.

□ **prison cell** 감방
□ **irretrievably** 돌이킬 수 없게, 만회하기 어렵게
□ **stammer** 말을 더듬다
□ **most** 무척, 대단히(= very)

□ **unfortunate** 운이 나쁜, 당혹스러운
□ **swing one's fist** 주먹을 휘두르다
□ **cab** 마차
□ **exit** ···에서 나가다

Phileas Fogg walked to the detective and looked him [2] steadily in the eyes. Then, with the only rapid motion he had ever made in his life, he swung his fist and knocked Fix to the floor.

"Well hit!" cried Passepartout. "An excellent blow."

Fogg, Aouda, and Passepartout left the prison, took a cab to the station and finally set out for London at 3:00 p.m. Fogg exited the train at 8:50 p.m., having successfully made a tour of the world in eighty days. But he was five minutes late and the wager was lost!

Mini-Less☀n

being의 생략

분사구문의 주어가 주절의 주어와 같고, being으로 시작할 경우 being을 생략하는 경우가 많답니다.

- Phileas Fogg was sitting in a prison cell, (being) certain that the wager was irretrievably lost. 필리어스 포그는 내기는 돌이킬 수 없게 졌다고 확신하고, 감방에 앉아 있었다.
- (Being) Very tired, I went to bed early. 매우 피곤하여 나는 일찍 잠자리에 들었다.

The next day, Fogg kept to his room until 7:30 p.m. when he asked for a few moments of Aouda's time.

"Madam," he said, "when I decided to bring you to England far away from the country which was unsafe for you, I was rich. I'm ruined now but even so, I wish you to have the little I have left."

"But what will become of you, Mr. Fogg?" asked Aouda.

"I need nothing," he said, coldly. "I have neither ☀ friends nor family."

Aouda went to him and seized his hand.

"You have me as a friend," she said. "Will you have me for your wife?"

Fogg rose. There was an unusual light in his eyes, and a slight trembling of his lips.

---

1 **by all that is holiest** 이 세상의 가장 신성한 것을 걸고 맹세코
"Yes, by all that is holiest, I love you," he cried. "그렇습니다. 이 세상의 가장 신성한 것을 걸고 맹세코, 당신을 사랑합니다."라고 포그는 외쳤다.

☐ keep to …에 틀어박혀 지내다
☐ ruined 파산한
☐ what will become of …?
　…에게 무슨 일이 일어날 것인가?
☐ seize 잡다
☐ entirely 완전히
☐ press A to B A를 B에 누르다(대다)
☐ call for …을 부르다

☐ radiant 빛나는
☐ tropical 열대의
☐ notify …에게 알리다
☐ reverend 목사
☐ hurry off 서둘러 나가다
☐ as fast as one's legs can
　carry one 최대한 빨리

"Yes, by all that is holiest, I love you," he cried, "and [1] I am entirely yours!"

"Ah!" cried Aouda, pressing his hand to her heart.

They called for Passepartout and when he saw that Fogg held Aouda's hand, his face became as radiant as the tropical sun.

Fogg asked him to notify the Reverend Wilson that they wished to be married the next day.

It was 8:05 p.m. when Passepartout hurried off as fast as his legs could carry him.

A great crowd collected around the Reform Club on the evening of Saturday, 21st December. Fogg's good reputation had been restored with the arrest of the real robber and the betting had resumed. His acquaintances waited anxiously in the great saloon.

"It's obvious that he's not coming," said Stuart. "If he had arrived on the 7:23 train, he would already be here."

"Let's not be too hasty," said Fallentin. "Fogg's punctuality is well known, and I should not be surprised if he appears at the very last minute."

The hands of the clock pointed to 8:40 p.m.

"Five minutes more," said Stuart.

Outside, the murmurs of the crowd were gradually growing louder.

"Sixteen minutes to nine!" said Sullivan, anxiously.

One minute more and they would win the wager.

At the fifty-fifth second, a loud cry was heard in the street followed by applause.

The five men rose from their seats. At the fifty-seventh second, the door of the saloon opened and Phileas Fogg appeared, and in his calm voice, said, "Here I am, gentlemen!"

- □ collect around …주위로 모이다
- □ reputation 명성
- □ be restored 복원되다, 되찾게 되다
- □ betting 내기
- □ resume 재개되다, 다시 시작되다
- □ acquaintance 지인
- □ anxiously 초조하게

- □ great saloon 대형 홀
- □ punctuality 정확함, 시간 엄수
- □ at the very last minute
  맨 마지막 순간에
- □ hand (시계의) 바늘
- □ murmur 웅성거림
- □ applause 박수 (갈채)

Mini-Less ☼n

See p. 131

혼합가정법

과거의 일이 현재에 영향을 미쳐 '(그때) …했다면 (지금쯤) ～할 텐데'라고 가정할 때는
if절엔 가정법 과거완료, 주절엔 가정법 과거를 쓰는 혼합가정법을 사용한답니다.

- If he had arrived on the 7:23 train, he would already be here.
  그가 7시 23분 기차로 도착했다면, 벌써 여기에 와 있을걸세.
- If I hadn't stayed up last night, I would feel fine now.
  내가 간밤에 밤샘을 하지 않았더라면, 지금 몸 상태가 좋을 텐데.

Yes, it was Phileas Fogg in person and on time! How had this happened? By his calculations, he had lost the wager by arriving home at 8:50 p.m., on the evening of Saturday, 21st December.

On Sunday at 8:05 p.m., he had sent Passepartout to arrange for Reverend Samuel Wilson to conduct a[1] marriage ceremony the next day.

By the time Passepartout left the reverend's house to return to Saville Row, it was 8:35 p.m. But what a state he was in! With his hair in a mess and without his hat, he ran along the street like a man possessed by devils. At 8:38 p.m., he staggered into Mr. Fogg's room.

"Master!" he gasped, "a marriage tomorrow is impossible because it is Sunday tomorrow!"

- ☐ calculation 계산
- ☐ conduct a marriage ceremony 결혼식을 집행하다
- ☐ state 상태
- ☐ in a mess 엉망인
- ☐ possessed by devils 귀신 들린
- ☐ gasp 숨을 헐떡이며 말하다
- ☐ cabman 마부
- ☐ narrowly 가까스로

1 **arrange for + 목적어(A) + to + 동사원형(B)** A가 B하도록 조처하다
He had sent Passepartout to arrange for Reverend Samuel Wilson to conduct a marriage ceremony the next day.
그는 다음날 사무엘 윌슨 목사가 결혼식을 집행하도록 조처하기 위해 파스파르투를 보냈다.

"It is Monday," replied Mr. Fogg.

"No, today is Saturday."

"Saturday? Impossible!"

"Yes, it is! It is!" cried Passepartout. "We arrived twenty-four hours ahead of time. Hurry! There is no time to lose!"

Phileas Fogg, without having time to think, left his house and jumped into a cab. He promised a hundred pounds to the cabman if he reached the Reform Club in five minutes. After narrowly avoiding several accidents, the cab reached the Reform Club with half a minute to spare.

But how did a man as careful as Phileas Fogg make an error of such magnitude? Why did he think that he had arrived in London on Saturday, the twenty-first day of December, when it was really Friday the twentieth? The cause of the error is very simple.

There are three hundred and sixty degrees of longitude on the circumference of the earth. The length of each day diminishes by four minutes every time one degree [1] to the east is crossed. These three hundred and sixty degrees, multiplied by four minutes, equals precisely twenty-four hours. Phileas Fogg had, without suspecting it, gained one day on his journey by continuously traveling toward the east.

Phileas Fogg made his journey around the world in eighty days and won his wager. His fortune was restored, but that meant little to him because he had taken the long and arduous journey without any thought of increasing his wealth. The fact is that he had won a far greater prize than he could ever have imagined by gaining the love of a charming woman who made him the happiest of men!

☐ magnitude 규모, 중요도
☐ degree 도
☐ longitude 경도
☐ circumference 원주, 원둘레
☐ diminish 줄어들다

☐ multiplied by ···가 곱해진
☐ precisely 정확히
☐ arduous 몹시 힘든, 고된
☐ far (비교급 강조) 훨씬
☐ prize 소중한 것, 보물, 상

---

1 **by** (정도·비율을 나타내어) ···씩 (마다)
The length of each day diminishes by four minutes every time one degree to the east is crossed.
동쪽으로 경도를 1도씩 지날 때마다 낮의 길이가 4분씩 줄어든다.

Check-up Time!

● WORDS

다음 단어와 단어의 뜻을 서로 연결하세요.

1 furnace   •

2 reputation •

3 resume   •

4 storm   •

• a. to start again after a pause

• b. a high opinion that people hold about somebody or something

• c. to rush with violence or anger

• d. a device in which heat is produced by burning fuel

● STRUCTURE

빈칸에 알맞은 단어를 보기에서 골라 문장을 완성하세요.

in	to	by	of

1 You have a most unfortunate resemblance _____ the robber.

2 With his hair _____ a mess he ran along the street like a man possessed by devils.

3 What will become _____ you?

4 The length of each day diminishes _____ four minutes every time one degree to the east is crossed.

ANSWERS

Structure | 1. to 2. in 3. of 4. by
Words | 1. d 2. b 3. a 4. c

● COMPREHENSION

다음은 누가 한 말일까요? 기호를 써넣으세요.

a.
Speedy

b.
Fogg

c.
Passepartout

1　"She's worth fifty thousand dollars!"　　　_____

2　"Well hit! An excellent blow."　　　_____

3　"Keep the fires stoked until it's all gone."　　　_____

● SUMMARY

빈칸에 맞는 말을 골라 이야기를 완성하세요.

Fogg bought the ship, Henrietta and headed for England. Finally he and his companions reached (　　), but then Fix arrested him and he was in a prison cell. A few hours later he was set free but he arrived at (　　) station at 8:50 p.m. The next day, he and Aouda decided to marry on the following day, which was (　　). But when Passepartout went to the reverend's he found that it was still (　　). So Fogg rushed to the Reform Club, and he won his wager.

a. Monday　　b. Liverpool　　c. London　　d. Saturday

After
the Story

Reading X-File 이야기가 있는 구문 독해
Listening X-File 공개 리스닝 비밀 파일
Story in Korean 우리 글로 다시 읽기

He inspected the house from cellar to attic.

그는 집안 구석구석을 살펴보았다.

★　★　★

매사에 시계같이 정확한 영국 신사 포그는 새로운 하인 파스파르투를 고용하자마자 한마디 말도 없이 혁신 클럽으로 가버립니다. 집에 홀로 남겨진 파스파르투는 자신이 할 일을 챙기기 위해 위의 문장처럼 집안 구석구석을 둘러보지요. 위 문장에서는 '집안 구석구석'을 from cellar to attic으로 나타내고 있는데요, cellar와 attic 앞에 관사가 쓰이지 않은 것은 from A(명사) to B(명사) 구문이 관용적인 표현을 만들 때는 관사가 생략되기 때문이랍니다.

Fix

Consul, I examined him from head to foot and am sure that he is the bank robber.

영사님, 그 놈을 머리부터 발끝까지 살펴보았는데요, 은행 절도범이 확실합니다.

Consul

Um ... To me, he didn't look like a man who would commit such a serious offence.

음… 제 눈에는 그런 중대한 범죄를 저지를 인물로 보이지 않던데요.

A delay of any length would result in them missing the steamer.

조금만 더 지체되면 그들은 기선을 놓치게 될 것이다.

★　★　★

필라지 사원에서 화형 당할 위기에 빠진 아우다 부인을 구해낸 포그 일행은 인도 횡단을 계속합니다. 그런데 홍콩행 기선을 타려고 캘커타 역을 출발하려는 순간, 경찰관이 나타나 포그를 연행하지요. 이는 기선을 놓치고 하고, 2만 파운드 내기에도 차질을 가져올 것이므로 파스파르투는 이와 같은 걱정을 합니다. 여기서 전치사 in과 동명사 missing 사이에 them이 쓰였는데요. 동명사의 의미상의 주어로 them과 같은 목적격도 쓰인다는 사실, 명심하세요!

Whew! What a relief that you're free again!
휴, 다시 풀려나시다니 정말 다행이에요!

Passepartout

Yes. I thought they arrested me because I had interfered in her being burned.
그래. 그녀가 화형되는 걸 방해한 혐의로 나를 체포한 줄 알았다네.

Fogg

본문 page 80
본문 page 118

Mr. Fogg is no more a robber than I am a murderer.

포그 씨가 절도범이 아닌 것은 내가 살인자가 아닌 것과 같아.

★　★　★

포그를 은행 절도범으로 확신하고 그를 체포하는 데 혈안이 된 픽스 형사. 급기야 이 사실을 파스파르투에게 털어놓고 협조를 구합니다. 그러나 파스파르투는 그럴 리가 없다며 주인의 무죄를 강하게 확신하며 위와 같이 말합니다. 'A가 B가 아닌 것은 C가 D가 아닌 것과 같다' 는 뜻의 A is more B than C is (D)라는 구문을 써서 말이지요. 그럼 이런 표현을 포그와 판사의 대화로 살펴볼까요?

Fogg

The priests are murderers! They tried to burn the poor woman with her dead husband.

그 승려들은 살인잡니다! 놈들은 그 불쌍한 여인을 죽은 남편과 함께 불태우려고 했어요!

Judge

Nonsense! They are no more murderers than I am.

말도 안 됩니다! 그들이 살인자가 아닌 것은 내가 살인자가 아닌 것과 같아요.

130 • Around the World in 80 Days

If he had arrived on the 7:23 train, he would already be here.

그가 7시 23분 기차로 도착했다면, 벌써 여기 와 있을걸세.

★ ★ ★

위의 문장은 포그가 80일간의 세계일주를 마치고 돌아오기로 한 날, 혁신 클럽의 신사들이 포그를 기다리는 가운데 신사들 중 한 명인 스튜어트가 그의 내기 여행은 실패했다고 장담하며 그 근거로 한 말입니다. 그들은 if절에는 가정법 과거완료, 주절엔 가정 과거, 즉 혼합 가정법을 사용했는데요, 이는 과거의 일이 현재에 영향을 미쳐 '(그때) …했다면, (지금) ~할 텐데'라는 뜻을 나타내기 위해서였습니다.

You might have made the tour of the world in only 78 days if you hadn't crossed India and saved me.

당신은 78일 만에 세계일주를 하셨을 수도 있었어요. 만약 인도를 횡단하지 않고 저를 구하지 않았더라면요.

Aouda

No doubt. But if I had not saved you, you would not be my wife now.

분명 그렇겠지요. 하지만 당신을 구하지 않았다면, 당신은 지금 내 아내가 아닐 테지요.

Fogg

01 우리는 변해!

-dly와 -tly의 [ㄷ], [ㅌ] 발음은 [ㄹ]로 변한답니다.

어떻게 하면 -dly와 -tly로 끝나는 단어를 원어민처럼 발음할 수 있을까요? [들리], [틀리]로 발음하기보다는 [를리]에 가깝게 발음하면 된답니다. 원어민들은 딱딱한 발음을 싫어해서 단어 중간에 [ㄷ]나 [ㅌ] 같은 무성음이 오면 이를 생략하고 뒤의 자음 l을 따라 부드럽게 발음하는 거랍니다. 그럼 14쪽과 104쪽에서 확인해 볼까요?

He was(①   ) rich, but no one knew where his money came from.

① **undoubtedly** -dly가 [를리]로 발음되어 [언다웃이를리]에 가깝게 들렸어요.

Fix approached Fogg and looked him (②   ) in the face.

② **intently** [인텐틀리]라고 해야 할 것 같지만, 사실은 [인텐를리]라고 발음했어요.

02 오직 한 번만~

비슷한 자음도 한 번만 발음하세요~

영어에서는 동일한 자음이 중복되면 그 발음은 한 번만 해야 한답니다. 동일한 자음뿐 아니라 비슷한 자음이 연이어 나올 경우에도 뒤의 자음으로 한 번만 발음하죠. 그럼 이런 경우를 본문 37쪽과 77쪽에서 확인해 볼까요?

No sooner had he (①) building than three enraged priests seized him, tore off (②) and beat him to the ground.

① **entered the** entered의 [d]와 the의 [ð], 서로 비슷한 발음이지요? 뒤의 [ð]만 발음해 주세요.

② **his shoes** [히즈 슈즈]가 아니라 [히 슈즈]로 발음되었답니다.

He (③) Fix, "Would you like to accompany us?"

③ **turned to** turned의 [d]와 비슷한 발음 [t]가 뒤따라 나오네요. 이럴 때는 [t]만 발음해 주세요. [턴 투]처럼 말이지요.

03 안 들려요, h!

[h]는 약화되어 들리지 않는 경우가 많아요!

영어에서는 의사소통을 할 때 명사, 동사, 형용사 같은 핵심어 외에 전치사, 관사, 인칭대명사, 조동사, 부사 같은 요소들은 일반적으로 강세를 주지 않는 경향이 있답니다. 따라서 인칭대명사 he, him, his, her와 조동사 have, has, 부사 here 등의 [h]는 거의 들리지 않아요. 그럼 이런 예를 본문 62쪽과 84쪽에서 찾아볼까요?

"Well, I'll follow (①   ) to the end of the world if I have to."

① **him** 강세를 받지 않는 인칭대명사이므로 [h] 발음이 들리지 않네요.

"I discovered that you were in Yokohama and probably penniless but I didn't expect to find you (②   ). Come!"

② **here** [히어]에서 [ㅎ] 발음이 약화되어 [이어]에 가깝게 들렸습니다.

04 부드럽게, 부드럽게 ~

강모음과 약모음 사이에 -rt-가 오면 t는 [ㄹ]로 발음돼요.

우리가 잘 알고 있는 '중요한'이라는 뜻의 important, 보통 [임포r틴트]라고 발음하지요? 그런데 빨리 발음할 경우에는 [임포r런(트)]라고 들린답니다. 이는 -rt-가 강모음과 약모음 사이에 오게 될 경우 [t] 발음이 약화되어 우리말의 [ㄹ]처럼 부드럽게 발음되기 때문인데요, 이런 현상을 본문 105쪽과 114쪽에서 확인해 볼까요?

The China, bound for Liverpool, had sailed three-(①) of an hour before!

① **quarters** 어때요? [쿼터즈]가 아니라 [쿼러즈]로 들리나요?

By 1:00 p.m., Phileas Fogg was sitting in a prison cell, (②) that the wager was irretrievably lost.

② **certain** [t] 발음이 약화되어 [써른]에 가깝게 들렸어요.

우리 글로 다시 읽기
80일간의 세계일주

1장 | 대단한 내기가 이루어지다

`p.14~15` 1872년, 필리어스 포그는 런던 벌링턴 가든즈의 새빌 로우 가 7번지의 저택에 살고 있었다. 그는 대부분의 시간을 혁신 클럽에서 보냈고, 그곳에서 그는 가장 훌륭한 회원 중 한 명이었다. 그는 결코 자신에 관한 말을 하지 않았기 때문에 그에 대해 알려진 바는 별로 없었다. 그는 의심할 여지 없이 부자였지만, 그가 어떤 식으로 재산을 모았는지는 아무도 알지 못했다. 세계 곳곳을 잘 아는 것으로 봐서, 비록 여러 해 동안 런던을 떠난 적이 없었지만 여행을 많이 한 것으로 여겨졌다.

그의 유일한 소일거리라곤 신문을 읽거나 휘스트 게임을 하는 것이었다. 그는 이 게임에서 자주 이겼지만 돈을 따도 지갑으로 가는 경우는 결코 없었다. 대신 자선사업 기금으로 따로 모아두었다. 그는 미혼이었고 친척이나 친한 친구도 없었다.

`p.16~17` 포그의 집에는 시, 분, 초, 날짜, 달, 연도까지 알려주는 복잡한 시계가 있었다. 그는 시계에 맞춰 살았다. 그는 매일 11시 30분이 되면 혁신 클럽으로 갔다. 그는 거기서 매일 같은 방, 같은 식탁에서, 같은 시각에, 늘 혼자 점심과 저녁을 먹었다. 자정이 되면 어김없이 집에 도착해 곧장 잠자리에 들었다.

포그의 저택에는 하인이 한 명 있었는데, 오늘 아침 하인이 면도용 물을 2도나 차게 가져왔다는 이유로 그를 해고했다. 아침 11시 22분, 그는 거실에 앉아서 새 하인을 기다리고 있었다.

문을 두드리는 소리가 들렸고, 서른 살 정도 되어 보이는 젊은 사내가 방으로 들어와 꾸벅 인사를 했다. 눈은 파랗고 머리는 밤색에다 단련된 근육을 갖추고 있었다.

"자네는 프랑스 사람이고 이름은 존이라고. 맞나?" 포그가 물었다.

"장으로 불러주시면 좋겠습니다." 새로 온 사람이 대답했다. "장 파스파르투가 별명으로, 이 직업 저 직업 잘도 바꾸는 재주가 있어서 붙여졌는데, 어느새 찰싹 달라붙었지 뭡니까? 서커스단의 곡예사 노릇도 하고, 체조 강사도 해 보았고, 소방대원도 해

보았습니다. 5년 전에는 여기 영국으로 건너와 가정집에 하인으로 고용되었습니다. 그러다가 필리어스 포그 님이 영국에서 가장 조용히 눌러 사는 분이라는 얘기를 듣고서 그분 곁에서 조용히 살고 싶은 기대에 이렇게 찾아뵙게 되었습니다."

"좋아! 지금 몇 시지?" 포그가 물었다.

파스파르투는 주머니에서 큼지막한 은시계를 꺼내 보고는 말했다. "11시 22분입니다."

p.18~19 "자네 시계는 4분 늦어. 하지만 상관 없네. 지금부터, 정확히 10월 2일 수요일 오전 11시 29분부터, 자네는 나의 하인으로 고용되었네." 포그가 말했다.

그는 자리에서 일어나, 모자를 쓰고 한 마디 말도 없이 나가버렸다.

"난 마담 튀소 인형 박물관에서 포그 씨만큼 활기찬 밀랍 인형들을 봤어!" 파스파르투는 중얼거렸다.

포그 씨와 잠시 만나는 동안, 파스파르투는 자신의 새 주인을 세심하게 뜯어보았다. 큰 키에 나이는 마흔 살은 된 듯했고, 잘 생겼으며, 옅은 머리에, 콧수염을 기르고 치아는 나무랄 데가 없었다. 포그 씨는 결코 감정을 드러내지 않는 침착한 영국인의 전형인 것 같았다. 그는 너무나 정확해서 결코 서두르는 법이 없었다.

파스파르투는 자신이 본 것이 마음에 들었다. 지난 5년 동안 10명의 다양한 젊은 주인들을 모셨다. 예외없이, 주인들의 행동은 충동적이고 예측 불가능하므로, 몇 개월 지나면 파스파르투는 조용한 생활을 찾아 다른 집으로 옮겼다.

그는 집안을 지하실에서 다락방까지 샅샅이 둘러보았는데, 집안은 깨끗하고 잘 정리되어 있었다. 거실의 시계 위에는 그 날의 일과표가 걸려 있었는데, 매분마다 상세히 적혀 있었다. 포그 씨 침실의 가구는 간소하게 가구가 들여져 있었지만, 옷 취향은 최고급이었다. 각각의 옷에는 번호가 매겨져 있었으며, 계절과 이 옷들을 입을 순서가 표시되어 있었다.

파스파르투는 두 손을 비볐고 얼굴에는 만족하는 미소가 피어났다.

"완벽해! 포그 씨는 기계같이 예측 가능한 사람이야. 포그 씨와 나는 잘 지낼 수 있을 거야!" 그는 말했다.

p.20~21 필리어스 포그는 혁신 클럽에 도착해서 점심을 먹기 위해 늘 앉던 식탁에 자리를 잡은 다음, 남은 시간 동안 늘 하던 순서를 따라갔다. 저녁 식사를 마친 후, 늘 상대하는 파트너들과 함께 휘스트를 했다. 그들은 기사 앤드류 스튜어트, 은행가 존

설리번과 새뮤얼 팰런틴, 양조업자 토마스 플래너건, 영국 은행 이사 고티에 랠프였다. 오늘 밤 그들의 대화 주제는 사흘 전에 일어난 은행 절도 사건이었다. 절도범을 잡기 위해 형사들이 세계 주요 항구에 파견되었고, 목격자에 따르면, 절도범은 잘 차려 입은 신사라는 것이다.

"한데 랠프, 그 도난 사건은 어떻게 되었나?" 플래너건이 말했다.

"내 생각엔 경찰이 그 절도범을 잡을 거네." 랠프가 대답했다.

"난 은행은 승산이 없을 거라고 믿네. 그 자는 당연히 도망을 칠 테니까." 스튜어트가 말했다.

"음, 하지만 그자가 어디로 도망칠 수 있단 말인가? 그자에게 안전한 나라는 없어." 랠프가 말했다.

"세상은 영원히 숨어 있을 수 있을 만큼 넓다네." 스튜어트가 말했다.

"옛날엔 그랬지. 하지만 지금은 아니야. 80일 안에 세계일주를 하는 것이 가능하니까." 포그가 말했다.

"맞아. 여기 '모닝 크로니클' 지가 예측한 계산이 있네. " 설리번이 말했다.

p.22~23

런던에서 수에즈까지, 몽스니와 브린디시를 경유하여, 철도와 기선으로	7일
수에즈에서 봄베이까지, 기선으로	13일
봄베이에서 캘커타까지, 철도로	3일
캘커타에서 홍콩까지, 기선으로	13일
홍콩에서 (일본) 요코하마까지, 기선으로	6일
요코하마에서 샌프란시스코까지, 기선으로	22일
샌프란시스코에서 뉴욕까지, 철도로	7일
뉴욕에서 런던까지, 기선과 철도로	9일
모두 합하여	80일

"그렇군, 정말 80일이군!" 스튜어트가 말했다. "하지만 그건 악천후와 역풍, 난파, 열차 사고 같은 예기치 않은 건 전혀 고려하지 않고 계산한 거라고."

"수학적으로 정확하게 맞춘다면 예기치 않은 일은 없다네." 포그가 말했다.

"그렇다면 자네가 해보게나! 그런 일주가 불가능하다는 데 4천 파운드를 걸겠네." 스튜어트가 대꾸했다.

"이보게, 스튜어트, 진정하게. 농담이겠지." 팰런틴이 말했다.

"농담 아니네!" 포그가 선언하듯 말했다. "그것이 가능하다는 데 2만 파운드 걸겠네. 받아들이겠나?"

스튜어트, 팰런틴, 설리번, 플래너건, 랠프는 서로 의논한 뒤 "받아들이겠네."라고 대답했다.

"좋네. 오늘 밤 8시 45분 도버행 기차를 타고 떠나겠네. 오늘이 10월 2일 수요일이니까, 12월 21일 토요일 오후 8시 45분까지 지금의 이 방으로 돌아오겠네. 정직하게 여행을 마쳤다는 증거로 가는 곳마다 여권에 비자를 받아오겠네." 포그가 말했다.

내기에 참여한 여섯 사람들은 그 자리에서 약정서를 작성하고 서명한 다음 포그는 자신의 전 재산의 반에 해당하는 2만 파운드 수표를 작성했다.

"예정된 시간 안에 돌아오지 못하면 이 수표를 베어링 형제 은행에 제시하게나." 포그가 말했다.

p.24~25 파스파르투는 저녁 7시 50분에 돌아온 주인을 보고 깜짝 놀랐다. 주인은 정확히 자정에 돌아올 것으로 생각했기 때문이다.

"우리는 10분 뒤에 도버로 떠나네. 우리는 80일간의 세계일주를 떠날 거야." 포그가 선언했다.

파스파르투의 눈이 휘둥그레졌다. 놀라서 눈썹을 치켜 올리고 양손을 들어올렸다.

"세계일주라니! 하지만 … 10분 안에 어떻게 여행 가방을 싼담?" 파스파르투는 중얼거렸다.

"작은 가방에 우리 두 사람 각자의 셔츠 2장, 양말 세 켤레만 싸게. 필요한 건 여행 중에 살 거네. 서두르게!"

파스파르투는 위층으로 올라가며 '그리고 조용히 살고 싶었는데 말이야!' 라고 생각했다.

8시가 되자 파스파르투는 가방을 다 꾸린 다음 아래층으로 내려갔다. 포그 씨는 가방 안에 커다란 영국 지폐 뭉치와 함께 열차 안내서와 기선 시간표를 밀어 넣었다.

"조심하게. 이 안에 2만 파운드가 들어있네." 포그가 말했다.

파스파르투는 놀라서 가방을 떨어뜨릴 뻔했다.

8시 40분에 필리어스 포그와 하인은 도버행 객실에 앉아 있었고, 5분 뒤 기차는 서서히 역을 빠져나갔다.

p.26~27 포그와 파스파르투가 프랑스에 도착했을 무렵, 이 내기 소문은 전 영국 신문에 실리게 되었다. 대부분의 신문들은 포그의 행동을 어리석은 짓이라고 했다. '데일리 텔레그라프' 지만이 포그 씨를 지지했다. 10월 7일, 왕립지리학회지에 장문의 기사가 실렸다. 이 기사는 세계일주 문제를 여러 각도에서 검토한 다음 포그의 계획이 터무니없다고 설명했다.

혁신 클럽 회원뿐 아니라 일반 대중들도 즉시 필리어스 포그의 성공 여부에 큰돈을 걸고 내기를 했다.

그러나 일주일 뒤, 그가 영국 은행 절도범이라는 소문이 돌면서 그를 지지하는 사람이 한 명도 없게 되었다! 혁신 클럽에 보관되어 있던 그의 사진이 범인의 인상착의와 일치했다. 그러자 사람들은 포그가 남과 어울리길 싫어했던 점, 갑작스럽게 영국을 떠난 점들을 떠올렸고, 이 모든 점들이 의심스러워졌다. 그가 세계일주를 떠난 것은 내기에 이긴다는 핑계 삼아 경찰의 추적을 따돌리려는 속셈이 틀림없었다.

2장 | 은행 절도범을 쫓아서

p.30~31 포그와 관련된 이 소문의 시작은 픽스라는 이름의 형사였다. 픽스 형사는 은행 절도 사건 직후 영국에서 수에즈로 파견되었고, 일주일 후에는 수에즈의 부둣가에 서성이고 있었다. 그가 증기선 몽골리아호에서 내리는 승객들을 유심히 살펴보고

있을 때, 한 승객이 그에게 다가왔다.

"실례하겠습니다." 남자가 말했다. "이 여권에 사증을 받으려면 어디로 가야 할까요?"

픽스는 여권을 받아들고 기재된 여권 소지자의 인상착의를 읽었다. 그것은 은행 절도범의 인상착의와 동일했다!

"이 여권은 당신 겁니까?" 픽스가 물었다.

"아닙니다. 제 주인님 것입니다." 남자가 대답했다.

"그렇다면 본인이 직접 영사관에 가야 합니다." 픽스

는 조금 떨어진 건물을 가리키면 말했다.

"가서 그 말을 전해야겠군요." 남자가 말했다.

그는 서둘러 돌아갔고 픽스는 재빨리 영사관으로 갔다.

"영사님, 런던 은행 절도범이 몽골리아호에 타고 있습니다. 이름은 필리어스 포그입니다. 영사님이 그놈에게 비자를 발급해 주지 않으셨으면 합니다. 런던으로부터 체포 영장을 받을 때까지 저는 그놈을 여기 붙잡아 두어야 합니다." 픽스가 말했다.

"그거야 당신 일이고. 그 사람이 신청하면 나는 거부할 수가 없습니다." 영사가 말했다.

p.32~33 바로 그때, 문을 두드리는 소리가 났고, 파스파르투와 필리어스 포그가 들어왔다. 포그는 여권을 내밀며 영사에게 비자를 발급해 달라고 했다.

"당신이 필리어스 포그 씨입니까?" 영사는 여권을 들여다보며 물었다.

"그렇습니다." 포그가 대답했다.

"그리고 어디로 가십니까?" 영사가 물었다.

"봄베이로 갑니다." 포그가 대답했다.

"좋습니다. 그런데 비자가 필요 없고 여권을 제시할 필요도 없다는 것을 알고 계시지요?"

"압니다만 제가 수에즈에 들렀다는 증거로 비자를 받고 싶습니다."

"좋습니다." 영사가 말했다.

영사는 여권에 서명을 하고 날짜를 써넣은 다음 관인을 찍었다. 포그는 비자 수수료를 낸 다음 인사를 하고 밖으로 나갔고 뒤이어 파스파르투가 나갔다. 포그는 파스파르투에게 몇 가지 심부름을 시킨 다음 몽골리아호의 자신의 선실로 돌아갔다. 그곳에서 그는 런던에서 수에즈까지 여행과 관련된 사항이 적힌 수첩을 꺼냈다. 여행 정보는 세로줄이 그어진 일정표에 기입되어 있었다. 날짜를 적는 칸과, 그들이 가야 하는 항구의 도착 예상 시간과 실제 도착 시간을 적도록 하는 칸이 있었다. 또한 도착한 각 지역에서 절약하거나 낭비한 시간이 얼마나 되는지 적어 놓는 칸도 있었다.

그는 '수에즈 도착, 10월 9일 수요일 오전 11시. 지금까지 6.5일 경과.'라고 적어 넣었다. 그는 정확히 자신의 일정표대로 움직이고 있었다.

p.34~35 그동안 픽스는 파스파르투를 찾아 나섰다. 그는 부두에서 파스파르투를 찾고는 그에게 인사했다.

"이곳 구경을 하고 계십니까?"

"그렇다고 볼 수 있죠. 우리는 달랑 몇 가지 물건만 챙겨 들고 급히 떠나 왔거든요. 주인님 옷가지를 좀 사야 합니다. 상점으로 가는 길을 알려주시겠습니까?"

"물론이지요. 그곳까지 안내해 드리겠습니다." 픽스가 말했다.

두 사람은 시내를 향해 걷기 시작했다.

"그런데, 주인께서는 어디를 그렇게 급히 가고 계시는 겁니까?" 픽스가 물었다.

"세계일주를 하고 계십니다. 80일 안에 하는 걸로 내기를 거셨다고 하셨습니다." 파스파르투가 말했다.

"그분은 부자십니까?" 픽스가 물었다.

"그 점은 의심할 여지가 없습니다. 상당한 액수의 빳빳한 새 지폐를 소지하고 계시거든요. 그리고 몽골리아호의 기관사에게도 봄베이에 예정보다 일찍 도착하면 후한 상금을 주겠다고 제안하셨으니까요." 파스파르투가 말했다.

두 사람이 옷 가게에 도착하자, 픽스는 파스파르투가 물건을 사도록 남겨두고 서둘러 전신국으로 갔다. 그런 다음 필리어스 포그를 의심할 수 있는 소문의 시발점이 된 다음과 같은 전보를 보냈다.

> 런던 경찰청장 로언 귀하
> 본인은 수에즈에서 은행 절도범 필리어스 포그를 발견했음.
> 즉시 봄베이로 체포 영장을 보내 주기 바람.
> 픽스 형사

그리고 그는 몽골리아호에 승선했고, 잠시 뒤 기선은 닻을 올렸다. 여행은 별탈없이 진행되었고, 배는 속도를 내어 예정보다 이틀 앞당겨 봄베이에 도착했다. 포그는 조용히 자신의 일정표에 이 이득을 적어넣었다.

p.36~37 봄베이에서 포그는 파스파르투에게 몇 가지 심부름을 시킨 뒤, 캘커타로 가는 열차를 타기 위해 정확히 시간에 맞춰 8시에 역으로 돌아와야 한다고 당부했다. 그런 다음 그는 여권에 비자를 받고 역 식당으로 가서 저녁을 시켰다.

파스파르투는 늘 사야 하는 물품인 셔츠와 양말을 샀다. 그런 다음 관광을 하고 화려한 색상의 시장을 둘러보면서 거리를 슬슬 돌아다녔다. 말라바르 언덕에서 한 아름다운 사원을 보고는 내부를 들여다 보고 싶다는 강한 호기심이 발동했다.

　방문객들은 사원에 들어 갈 때는 입구에서 신발을 벗어야 한다는 것을 그가 알 리가 없었다. 그가 사원에 들어가자마자 화가 난 승려 세 명이 그를 붙잡아 신발을 벗기더니 바닥에 내동댕이쳤다. 파스파르투는 재빨리 일어나 승려들을 싸워 물리치고는 사원 밖으로 달아났다.

`p.38~39` 8시 5분 전, 파스파르투는 모자와 신발도 없이, 격투 중 셔츠와 양말 꾸러미까지 잃어버린 채, 기차역 안으로 뛰어들어왔다.

　그는 자신이 겪은 일을 포그에게 설명했다.

　포그는 "다시는 이런 일이 일어나지 않기를 바라네."라고 차갑게 말하면서, 두 사람은 기차에 올랐다.

　가까이에 숨어 있던 픽스가 이 대화를 들었다. 그는 그 전에 런던에서 체포 영장이 일주일 간은 도착하지 않을 것이라는 것을 알고는 실망하고 있던 참이었다. 이제는 새로운 희망이 가슴을 채웠다.

　'파스파르투가 인도 땅에서 범죄를 저질렀군. 포그는 당연히 하인의 행동에 대해 책임이 있는 거고. 당국에 알려서 캘커타에서 저들을 체포해야겠어. 그는 내 손 안에 있는 거야!'

3장 | 코끼리를 타고 흥미진진한 여행을

`p.42~43` 열차가 기차역을 출발하자, 포그는 몽골리아호에서부터 알게 된 프란시스 크로마티 경과 같은 칸에 있다는 사실을 알고 놀랐다. 프란시스 경은 포그의 여행 목적을 알고 있었고 포그가 제멋대로이며 무모하다고 속으로 생각하고 있었다.

　두 사람은 열차가 산을 지나고 평탄한 칸디쉬 지방을 지나는 밤 사이 이따금씩 이야기를 나누었다.

　아침 8시, 열차는 개간지의 중간에 있는 한 작은 마을에 멈췄다.

　차장이 "승객 여러분, 여기서 내려 주십시오!"라고 소리쳤다.

　"무슨 소린가?" 프란시스 경이 물었다.

　"철로가 아직 완성되지 않았습니다." 차장이 말했다.

"뭐라고! 하지만 최근 신문에는 캘커타까지 철로가 완전히 개통되었다고 나와 있던데." 프란시스 경이 말했다.

"불행히도 신문이 잘못 보도한 거지요. 여기서부터 승객 여러분께서는 알라하바드까지 각자 알아서 가셔야 합니다." 차장이 말했다.

"포그 씨, 여기서 지체되면 당신에겐 불리하겠는데요." 프란시스 경이 말했다.

"전혀 그렇지 않습니다. 예상했던 바입니다." 포그가 말했다.

"뭐라고요? 어떻게 아셨습니까?" 프란시스 경이 말했다.

"어떤 장애물이 조만간 나타날 거라고 생각했습니다. 25일 정오에 캘커타를 떠나 홍콩으로 가는 기선이 있습니다. 오늘은 22일입니다. 캘커타까지 제시간에 도착할 겁니다."

다른 승객들은 이미 마차, 가마, 조랑말 등 마을에서 구할 수 있는 탈것이란 탈것은 다 빌려 놓은 상태였다. 포그와 프란시스 경도 마을을 샅샅이 뒤졌지만 허사였다. 하지만 파스파르투는 재빨리 자신들의 교통 문제에 해결책을 발견했다. 마을 사람들 중 한 사람이 코끼리를 가지고 있었다!

p.44~45 처음에 코끼리 주인은 코끼리를 파는 것을 꺼렸지만, 포그가 2천 파운드를 제시하자 결국 굴복하고 말았다. 젊은 파시인이 안내인으로 고용되었고, 포그는 여행이 끝나면 보수를 듬뿍 주겠다고 약속했다.

프란시스 경과 포그는 코끼리 양 옆구리의 가마에 자리를 잡았다. 파스파르투는 두 사람 사이에 있는 안장 깔개 위에 두 다리를 벌리고 앉았고, 파시인은 코끼리 목 위에 자리를 잡았다. 아침 9시에 그들은 알라하바드까지 가는 가장 빠른 길을 골라 출발했다. 여행자들은 목적지의 절반 거리에 있는 오두막에서 밤을 보낸 후, 다음 날 일찍 다시 여행을 시작했다.

오후 2시에 안내인은 코끼리를 울창한 숲으로 끌고 갔고 잠시 뒤 갑자기 멈췄다. 파시인은 땅에 내려 숲 속으로 들어갔다.

그는 곧 돌아와 이렇게 말했다. "브라만 교도들의 행렬이 이리로 오고 있습니다. 눈에 띄지 않아야 합니다."

그는 신속하게 그리고 조용히 코끼리를 숲 속으로 데려갔다.

p.46~47 잠시 뒤, 행렬이 나타났는데 브라만 승려들이 구슬픈 노래를 부르는 무리들의 선두에 있었다. 그 뒤에 브라만 교도들 몇 명이 젊고 피부가 흰 한 여자를 끌어오고 있었는데, 여자는 걸을 때마다 몸을 제대로 가누지 못했다. 여자는 금박 테두리가 쳐진 긴 윗옷을 입고 있었는데, 귀, 팔, 손, 발가락에는 보석이 번쩍거리고 있었다. 젊은 여자 뒤를 호위병들이 따라왔는데, 그들은 화려하게 치장한 노인의 송장이 실린 가마를 메고 있었다. 행렬은 곧 울창한 숲으로 사라졌다.

"저 시체는 여자의 남편입니다. 분델쿤드의 족장입니다. 그들은 필라지 사원에서 밤을 보내고, 내일 새벽에 저 여자는 남편과 함께 태워질 겁니다." 안내인이 말했다.

"뭐라고!" 파스파르투가 소리쳤다. "저 가엾은 여자가 산 채로 태워진다고요?"

"그렇습니다. 끔찍한 관습이긴 하지만, 대부분의 미망인들이 차라리 이런 식으로 죽기를 원합니다. 그러지 않으면, 그 여자의 친척들이 여자를 때리고 굶겨서 죽일 테니까요." 프란시스 경이 말했다.

안내인은 머리를 가로저으며 말했다. "이 의식은 본인 뜻에 따른 것이 아닙니다. 여자는 약에 취해서 저항할 수가 없습니다."

"저에게 아직 12 시간이 있습니다. 그 여자를 구합시다." 포그가 말했다.

"아니, 당신도 인정이 있는 사람이군요!" 프란시스 경이 말했다.

"가끔, 제가 시간이 있을 때는요." 포그는 조용히 대답했다.

p.48~49 안내인은 제물이 될 여자가 봄베이의 부유한 상인의 딸이라고 설명해 주었다. 여자는 훌륭한 영국식 교육을 받았고, 하얀 피부로 유럽 여자로 통할 정도였다. 그녀의 부모가 죽자, 그녀는 자신의 뜻과는 상관없이 나이 든 족장과 결혼했지만 석 달 뒤 과부가 되었다. 그녀는 도망쳤지만 다시 붙잡혔고, 그 후 족장의 친척들은 여자를 제물로 바치기로 한 것이다.

밤이 되자 여자를 구출하려는 일행은 사원 가까이에 있는 나무에 몸을 숨겼다. 그들은 모두가 잠들었을 때 몰래 사원 안으로 들어가 젊은 여자를 구출하기를 바랬다. 그러나 유족들이 모두 지쳐 땅바닥에 쓰러졌을 때도, 호위병들은 사원 입구에 그대로 있었다.

"우리가 할 수 있는 일이 없습니다." 프란시스 경이 나지막이 말했다.

"기다리시지요. 알라하바드에는 내일 정오 안으로만 가면 됩니다. 기회가 마지막 순간에 찾아올지도 모르지요." 포그가 말했다.

그 동안 어떤 기발한 생각이 파스파르투에게 떠올랐고 그는 사람들 몰래 조용히 빠져나갔다.

p.50~51 동이 트자 화형 의식 준비가 다시 시작되었다. 족장의 시신은 화형대에 놓여지고 호위병들은 여자를 시원에서 데리고 나왔다. 여자는 반쯤 의식을 잃은 상태에서 부축 없이는 걸을 수도 없었다. 포그와 그 일행은 여자가 화형대 위의 남편의 시신 옆에 눕혀지는 것을 지켜보았다. 이어 횃불이 다가왔고, 이내 기름을 흠뻑 먹은 장작에 불이 붙었다. 불길과 연기가 대기 중에 소용돌이쳤다.

포그가 화형대를 향해 뛰어들려는 순간 큰 비명 소리가 들렸다. 슬퍼하는 사람들 사이로 겁에 질린 목소리가 튀어나왔다. "아아아! 족장이 살아났다!"

늙은 족장이 벌떡 일어나서 아내를 팔에 안고 화형대 밑으로 내려오자, 사람들은 얼굴을 감싸고 겁에 질려 땅에 고꾸라졌다.

족장은 프란시스 경과 포그 곁으로 다가오더니 말했다. "갑시다!"

파스파르투였다! 그가 자욱한 연기에 몸을 가리고 화형대 위로 슬쩍 올라가 젊은 여자를 구한 것이었다.

잠시 뒤, 네 사람은 코끼리 등에 타고 숲으로 사라졌다. 큰 고함 소리가 들리고, 총알이 날아와 포그의 모자를 뚫은 걸 보니 속임수가 들통난 모양이었다. 하지만 코끼리는 재빨리 숲으로 달렸고 곧 일행은 호위병의 총알의 위협에서 벗어났다.

p.52~53 일행이 알라하바드 역에 도착할 때까지 그 젊은 여인은 여전히 의식을 차리지 못하고 있었다. 포그는 안내인에게 약속한 금액을 지급하고 선물로 코끼리도 주었다. 안내인은 놀라며 고마워했고 파스파르투도 주인의 관대함에 우쭐해졌다.

그는 코끼리에게 다가가 각설탕 몇 개를 주었다. 코끼리는 만족한다는 듯 울부짖더니 코로 파스파르투의 허리를 감싸서 제 머리보다 높이 들어올렸다. 파스파르투는 기뻐서 웃었다. 그는 코끼리의 코를 쓰다듬어주었고, 곧 땅바닥으로 사뿐히 돌아왔다.

그런 다음 파스파르투는 여인에게 필요한 유럽풍 옷가지를 사러 갔다가, 베나레스로 가는 기차 시간에 맞게 돌아왔다.

베나레스로 가는 두 시간 동안 마침내 젊은 여인은 정신이 들었고 아름답고 검은 두 눈을 떴다. 그녀는 완벽한 영어로 자신의 이름은 아우다라고 말했다. 프란시스 경은 그 동안 일어난 일을 설명하면서 구출 과정에서 보여준 필리어스 포그의 용기를 힘주어 말했다. 그리고 포그가 홍콩까지 데려다 주겠다고 하자 여인은 이 제의를 고맙게 받아들였다. 홍콩에는 자신을 보호해줄 부유한 사촌이 있었다.

베나레스에서 프란시스 경은 포그의 내기가 성공적으로 끝나기를 빌면서 열차에서 내렸다. 기차는 계속 달려서 일정보다 빠르지도 늦지도 않게 캘커타 역에 도착했다. 런던과 봄베이에서 벌어놓은 이틀은 인도를 횡단하는 데 써버렸지만, 포그는 전혀 후회가 없었다.

4장 | 픽스 형사의 묘책

p.58~59 포그와 그 일행이 캘커타 역을 나서려는데, 한 경찰관이 그들에게 다가와 포그와 그의 하인을 체포했다. 그런 다음 그는 그들을 경찰서로 데려갔고, 거기서 그들은 쇠창살이 쳐져 있는 창문이 있는 방으로 인도되었다. 조금만 더 지체되면 그들이 홍콩행 기선을 놓치는 결과를 가져올 것이므로 파스파르투는 걱정으로 제정신이 아니었다. 포그는 언제나처럼 평온을 유지하고 있었다.

8시 30분, 그들은 법정 안으로 인도되었다. 판사가 법정 앞에 있는 높은 책상 뒤에 앉아 있었고, 수많은 유럽인들과 인도인들이 방청석 뒤편을 가득 메우고 있었다.

문이 휙 열리더니 세 명의 인도 승려가 들어왔다. 그러자 법원 서기는 필리어스 포그와 그의 하인 앞으로 제출된 고발장을 낭독했다. 두 사람은 신성한 브라만 사원을 무단으로 침입한 죄로 고발당한 것이었다.

"혐의를 인정하십니까?" 판사가 물었다.

"네, 판사님." 포그는 손목시계를 보면서 말했다. "하지만 저 승려들도 필라지 사원에서 무엇을 하려고 했는지 그들의 자백을 듣고 싶습니다."

"그래요, 저자들은 필라지 사원에서 제물을 불태우려고 했단 말입니다." 파스파르투가 말했다.

p.60~61 판사와 승려들은 깜짝 놀라 체포된 두 사람을 쳐다보았다.

"무슨 제물? 필라지? 누구를 불태운다고? 우리는 봄베이 말라바르 언덕에 있는 사원에서 있었던 일을 말하고 있습니다. 이 나라의 종교 의식을 방해하는 것은 불법입니다. 우리는 이것을 가지고 있습니다." 판사가 말했다.

서기는 자신의 책상 위에 구두 한 켤레를 올려 놓았다.

파스파르투는 미처 자제할 겨를도 없이 "내 구두다!"라고 외쳤다.

파스파르투에게서 무심코 튀어나온 말로 판사는 자신 앞에 죄인이 앉아 있음을 확신하게 되었다.

"그렇다면 기소 사실을 인정합니까?" 판사가 준엄하게 물었다.

"인정합니다." 포그가 침착하게 대답했다.

"좋습니다. 파스파르투를 구류 14일 및 벌금 3백 파운드에 처한다."

"3백 파운드?" 벌금의 엄청난 액수에 놀라 파스파르투가 소리쳤다.

"그리고 하인은 주인의 지시에 따라 행동했을 것이므로." 판사는 말을 이었다. "필리어스 포그를 구류 7일 및 벌금 1백 5십 파운드에 처한다."

p.62~63 법정 한 구석에 앉아 재판 과정을 흥미롭게 지켜보고 있던 픽스는 만족하여 두 손을 비볐다. 그는 아직 체포 영장을 받지 못한 상태였지만, 일주일 안에 체포 영장이 도착하면 마침내 이 절도범을 잡을 수 있을 것이다!

포그가 갑자기 "보석금을 신청합니다."라고 말했다.

"좋소." 판사가 대답했다. "각각 1천 파운드요. 이 돈은 당신들의 형기가 끝날 때 돌려질 것이오. 그동안 인도를 떠나지 마시오." 판사가 말했다.

픽스의 심장이 내려앉았다!

포그는 서기 책상 위에 2천 파운드를 올려놓았다. 그런 다음 아우다 부인과 파스파르투를 데리고 법정 밖으로 나가 마차를 잡아 타고는 부두로 갔다.

픽스 형사는 다른 마차를 타고 뒤쫓아 갔고, 그들이 홍콩행 랑군호에 몸을 싣는 것을 지켜 보았다.

"저 악당이 도망치고 말았어!" 그는 절망감에 발을 동동 구르며 소리쳤다. "음, 필요하다면 이 세상 끝까지라도 그를 쫓아갈 테다."

몇 분 뒤, 그는 이들을 따라 기선에 올랐다.

p.64~65 처음 며칠 동안 픽스는 선실에 숨어 있다가 마침내 선실에서 나가 갑판으로 갔다. 파스파르투는 기선 뱃머리 위아래를 거닐고 있었다. 픽스는 온갖 놀란 표정을 다 지으며 서둘러 다가가 소리쳤다. "랑군호에 타고 계셨습니까?"

"아니, 픽스 씨, 이 배에 타고 계셨습니까?" 파스파르투는 픽스를 알아보며 물었다. "이런, 봄베이에서 헤어졌는데 홍콩 가는 배에 계시다니요! 당신도 세계일주를 하십니까?"

"아닙니다. 적어도 며칠 동안은 홍콩에 머무를 예정입니다. 참 포그 씨는 안녕하신가요?"

파스파르투는 아우다 부인을 구출한 일을 포함하여 그들이 봄베이를 떠난 이후 일어난 일을 죄다 이야기했다.

랑군호는 11월 5일, 홍콩에 도착할 예정이었지만 3일에는 폭풍우가 몰아쳐서, 랑군호의 속도가 더디어졌다. 하지만 다음날 바다는 잔잔해졌고, 6일 새벽 5시 홍콩 육지가 보였다. 랑군호를 홍콩항까지 인도하기 위해 수로 안내원이 배에 올라탔고, 포그는 안내원에게 요코하마행 기선이 홍콩에서 몇 시에 출발하는지 아느냐고 물어보았다.

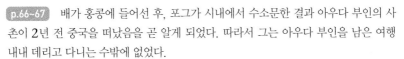

"카내틱호는 내일 아침 5시에 출발합니다." 수로 안내인이 대답했다.

"그 배는 5일 출발하기로 예정되어 있지 않았소?" 포그는 침착하게 물었다.

"네, 손님. 수리를 해야 해서 출발이 내일로 연기된 겁니다."

p.66~67 배가 홍콩에 들어선 후, 포그가 시내에서 수소문한 결과 아우다 부인의 사촌이 2년 전 중국을 떠났음을 곧 알게 되었다. 따라서 그는 아우다 부인을 남은 여행 내내 데리고 다니는 수밖에 없었다.

"가서 카내틱호에 선실 3개를 예약하고 오게." 포그는 파스파르투에게 말했다.

파스파르투는 주인의 명령을 따르기 위해 활기찬 걸음으로 나섰다. 아우다 부인은 일이 이렇게 바뀌게 된 것이 기뻤다. 그녀는 이 침착하고 과묵한 영국 신사를 너무나도 사랑하게 되었던 것이다.

파스파르투가 카내틱호에 도착했을 때, 부둣가에 서서 기다리고 있는 픽스를 발견하고도 놀라지 않았다. 이때쯤 파스파르투는 픽스는 혁신 클럽 신사들이 포그의 세계일주가 제대로 완수되고 있는지 확인하기 위해 보낸 사람이라고 확신하고 있었던 것이다. 그는 자신이 가지고 있는 의심을 드러내 보이지 않도록 조심하면서 픽스를 꾀려 주기로 작정했다.

"아, 픽스 씨, 봄베이에서 저희와 헤어지셨는데요. 이제 저희와 함께 미국에 가기로 결심하신 건가요?" 파스파르투가 말했다.

"그렇습니다." 픽스는 이를 악물고 말했다.

"잘됐군요!" 파스파르투는 크게 웃으면서 소리쳤다. "당신이 우리와 헤어지지 못할 운명이란 것을 저는 잘 알고 있었습니다. 선실을 예약하러 갑시다."

두 사람은 선박회사 사무실로 가서 네 사람 분의 선실을 예약했다. 사무원은 카내틱 호의 수리가 예정보다 일찍 끝났기 때문에, 내일 아침이 아니라 오늘 저녁에 떠날 것이라고 말했다.

"이거 주인님께 오히려 더 잘된 일이군. 당장 가서 말씀 드려야지." 파스파르투가 말했다.

픽스는 이제 과감하게 행동하기로 결심했다.

'이 프랑스인에게 모든 것을 털어놓아야겠군. 포그가 절대 홍콩을 떠나서는 안 돼.'

p.68~69 그는 파스파르투에게 부둣가 술집에서 한잔 하자고 했다. 조그만 테이블에는, 손님들이 술을 마시면서 도기로 된 긴 파이프에 아편을 넣어 피우고 있었다. 때때로 손님이 아편에 취해서 잠에 빠지면 종업원들이 와서 방 끝에 있는 커다란 침대로 데려가곤 했다.

픽스와 파스파르투는 포도주 두 병을 시켰고 여행에 대해 다정하게 이야기를 나누기 시작했다. 술병이 비자, 파스파르투는 주인에게 배의 변경된 출발 시간을 말하러 가려고 일어섰다.

픽스는 그의 팔을 붙잡으며 말했다. "잠깐만. 긴히 할 얘기가 있소."

파스파르투는 다시 앉았다.

"다 털어놓겠소." 픽스가 말했다.

"나는 이미 다 알고 있어요. 혁신 클럽 회원 신사들이 포그 씨를 미행하러 당신을 보낸 거 말입니다. 그 신사들은 굳이 성가신 일을 하고 헛된 돈을 쓴 거라고요." 파스파르투가 말했다.

"포그 씨를 홍콩에 이틀 더 붙

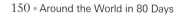

들어 둘 수 있도록 도와주면 5백 파운드를 주겠소."

"도대체 무슨 말을 하는 겁니까? 그 혁신 클럽 신사들은 주인님이 내기에서 지는 것에 그토록 안달이 났단 말입니까? 어떻게 그럴 수가 있습니까? 주인님의 명예를 의심하는 것으로도 모자란단 말입니까?"

파스파르투가 은행 절도에 대해서는 전혀 모르고 있다는 것이 확실해졌다.

'음, 이자가 공범이 아니라면 나를 도와줄 거야. 파스파르투에게 사실을 털어놓아야겠다.' 픽스는 생각했다.

p.70~71 "내 말 잘 들으시오." 픽스가 불쑥 말했다. "난 혁신 클럽 회원들이 보낸 첩자가 아니야. 난 형사야. 9월 28일, 영국 은행에서 5만 5천 파운드가 도난당했어. 난 범인의 인상착의서를 가지고 있는데 포그 씨와 똑같아."

"말도 안 돼요!" 파스파르투는 주먹으로 테이블을 내리치면서 소리쳤다. "주인님은 정직한 분입니다!"

"그걸 자네가 어떻게 아나? 자네도 그에 대해 아는 게 거의 없잖아. 포그는 짐도 꾸리지 않고 돈다발만 들고서 런던을 떠났어. 그의 공범으로 체포되고 싶은가?"

파스파르투는 방금 들은 말에 압도되어 두 손에 얼굴을 파묻었다. 아우다 부인을 구해준 용감하고 관대하신 포그 씨가 절도범이라고? 절대 아냐!

"그자를 여기 홍콩에 잡아두도록 자네가 날 도와주어야 해." 픽스는 주장했다.

"아뇨! 거절하겠습니다!" 파스파르투가 말했다.

"그럼 내가 한 말은 다 무시하시오. 술이나 마십시다." 픽스가 말했다.

픽스는 포도주를 더 시켰다. 파스파르투는 술에 취해 잠이 들었고, 곧 의자의 팔걸이에 몸을 가볍게 기대게 되었다. 픽스는 테이블에 놓여 있는 아편이 든 파이프를 집어 들어 불을 붙이고는 파스파르투의 입술 사이로 밀어 넣었다. 이 프랑스인은 몇 모금 빨더니 금방 마취 기운에 쓰러지고 말았다.

"드디어 됐군! 이제 포그는 오늘 밤 카내틱호가 출발한다는 사실을 알지 못하겠군."

p.74~75 다음날 아침 파스파르투가 나타나지 않자, 포그는 침착하게 짐을 싸고는 아우다 부인을 부른 뒤 가마를 불렀다. 30분 뒤, 그들은 부두에 도착했으나, 카내틱호는 전날 저녁에 떠났음을 알게 되었을 뿐이었다. 파스파르투는 흔적도 없었다.

이때, 픽스가 이들에게 다가왔다.

"카내틱호를 타실 작정이셨습니까?"

"네." 아우다 부인이 대답했다.

"저도 그렇습니다, 그래서 정말 실망이 큽니다. 다음 배로 가려면 일주일은 기다려야 합니다." 픽스가 말했다.

이 말을 하면서 픽스는 기쁨으로 가슴이 뛰는 것을 느꼈다. 일주일 뒤면, 체포 영장이 도착할 거고 자신은 포그를 체포할 수 있을 것이다. 따라서 포그 씨가 "하지만 홍콩 항구에는 카내틱호 말고도 다른 배들이 있겠지요."라고 말하는 소리를 들었을 때 소름이 끼쳤다.

포그는 아우다 부인의 팔짱을 끼고 출항을 앞둔 배를 찾아 부둣가를 따라 걸었다. 픽스는 마치 보이지 않는 실로 포그에게 묶여 있기라도 한 듯이 그를 뒤따라갔다. 한 선원이 배를 찾고 있냐고 물었을 때, 드디어 포그의 인내심이 보상을 받게 되었다.

"그렇소. 떠날 준비가 된 배가 있소? 빠른가요?"

"두 질문 모두에 그렇습니다. 탠커디어호는 이 항구 최고의 수로 안내선입니다."

p.76~77 "샌프란시스코행 배를 타기 위해 우리는 14일까지 요코하마에 가야 하오. 우리를 데려다 주겠소? 요코하마에 제시간에 도착하면 사례는 후하게 하겠소."

"저의 이 작은 배로 그 시간 안에 요코하마까지 가지는 못할 겁니다. 하지만 상하이까지는 갈 수 있습니다. 샌프란시스코행 기선은 11월 11일 저녁 7시에 상하이에서 출발합니다. 앞으로 나흘 남았습니다."

"얘기는 다 된 겁니다." 포그가 말했다.

그는 픽스를 돌아다보며 말했다. "함께 가시겠습니까?"

"네, 고맙습니다, 그러지 않아도 부탁 드리려던 참이었습니다." 픽스가 말했다.

"잘됐군요. 그럼 30분 뒤에 배에서 만납시다."

"하지만 그 가엾은 파스파르투는 어떻게 되는 건가요?" 파스파르투가 없어진 것을 몹시 걱정하고 있던 아우다 부인이 말을 꺼냈다.

"할 수 있는 일은 다 할 작정입니다. 막판에 카내틱호를 탔는지도 모르고 만약 그렇다면 우리는 요코하마에서 그를 찾을 수 있을 겁니다." 포그는 대답했다.

p.78~79 이튿날 배는 이미 100마일(160킬로미터) 이상을 갔고 바람은 계속 미풍이었다가 저녁 때쯤 태풍이 몰아쳤다. 강한 바람에 탠커디어호는 깃털처럼 떠올랐고, 집채만한 파도에 이리저리 내팽겨쳐졌다.

"제 생각엔 해안의 한 항구에 배를 대야 할 것 같습니다." 선장이 말했다.

"나도 같은 생각이오." 포그는 조용히 말했다. "하지만 내가 아는 항구는 하나뿐이오. 상하이오!"

선장은 포그와 논쟁해봤자 소용없다는 것을 알았다.

"좋습니다! 상하이로 갑니다!" 선장이 소리쳤다.

그리하여 탠커디어호는 밤새 계속 북쪽으로 달렸다. 폭풍의 위력은 무시무시하였고 배가 가라앉지 않은 것이 기적이었다. 날이 밝자, 폭풍은 여전히 날뛰고 있었지만, 바람은 다시 동남풍으로 바뀌어 탠커디어호는 빠른 속도로 돌진했다.

11일 저녁 7시, 탠커디어호가 상하이까지 3마일(4.8킬로미터)이나 떨어져 있는 상황에서, 미국행 기선이 수평선 위로 나타났다.

"신호를 보내시오!" 필리어스 포그가 조용히 말했다. "기를 올리시오!"

승무원들은 기를 돛대 중간까지 올렸고 이는 조난 신호였다. 미국행 기선이 이를 보고 진로를 바꾸기를 기대했다. 그들은 또한 안개가 짙게 끼었을 때 배의 위치를 알려주기 위해 썼던 작은 대포를 발사했다. 기선은 반응을 해줄 것인가?

p.80~81 탠커디어호가 미국행 기선에 신호를 보내는 동안 카내틱호는 파스파르투를 태우고 일본을 향해 전속력으로 달리고 있었다. 픽스가 파스파르투를 아편굴에 남겨두고 떠난 후 3시간 뒤, 그는 깨어나서 비틀거리며 부두로 갔다. 그는 배가 떠나기 직전 올라탔고 갑판에 쓰러져 잠이 들었다. 아침이 되어 깨끗한 바닷바람을 들이마시자 정신을 차리고 전날 밤에 일어난 일을 기억하기 시작했다.

'픽스가 우리를 따라 카내틱호를 타지는 못했겠지. 거짓말쟁이! 주인님이 도둑이라면 나는 살인범이다.'

그는 사무장을 찾아 포그 씨의 선실 번호를 물었으나 포그라는 이름의 승객은 없다는 대답만 들었다. 파스파르투는 순간 절망적으로 배의 출항 시간이 바뀌었고 자신은 주인에게 이를 알리지 못했다는 사실을 떠올렸다. 포그 씨와 아우다 부인이 배를 놓쳤다! 내기에서 진 것이다!

파스파르투는 불안이 엄습했지만 점차 침착을 되찾고 자신의 처지를 곰곰이 정리하기 시작했다. 요코하마에 도착한 다음에 자신은 어떻게 해야 하나? 그는 언어도 몰랐고, 수중에 돈도 없었다. 그는 생각에 깊이 잠긴 채 한동안 시간을 보냈다.

p.82~83 13일 새벽 카내틱호는 요코하마 항구에 닿았고 파스파르투는 뭍에 내렸다. 그는 얼른 유럽에서 온 옷을 좋아하는 의복 중개상을 발견했다. 곧 파스파르투는 낡은 일본 옷 차림이 되었고 주머니에는 동전 몇 닢이 짤랑거렸다.

그가 아침을 먹고 나자 광고판을 들고 거리를 누비는 광대가 눈에 띄었다. 거기에는 영어로 이렇게 쓰여 있었다.

일본 곡예단

미국으로 떠나기 전 긴 코배기들의 마지막 공연!

대단한 볼거리!

"미국! 나에겐 안성맞춤이야!" 파스파르투가 외쳤다.

그는 광대를 따라 순회 공연 극장주의 사무실로 들어가 하인으로 일하겠다고 제안했다.

"하인은 필요 없어. 하지만 자네를 광대로는 고용할 수 있지. 힘은 센가?" 극장주가 말했다.

"네, 특히 잘 먹고 나면 셉니다." 파스파르투는 대답했다.

"물구나무를 서서 왼쪽 발바닥 위로는 팽이를 돌리고 오른쪽 발바닥 위에는 칼을 올려놓은 상태에서 노래를 부를 수 있겠나?" 극장주가 물었다.

"흠! 할 수 있다고 생각합니다." 파스파르투는 젊은 시절 했던 일들을 떠올리며 대답했다.

그는 그 자리에서 채용되었다.

파스파르투는 '긴 코배기'라는 곡예단에 합류했다. 코배기들은 어깨에는 한 쌍의 날개를 달고 얼굴에는 대나무로 만든 기다란 코를 붙이고 있었다. 코는 곧은 것, 굽은 것, 리본이 달려 있는 것도 있었다. 열두 명의 코배기들이 바닥에 등을 대고 누우면 동료들이 이 코에서 저 코로 건너뛰며 그들의 코 위에서 펄쩍펄쩍 뛰고 공중제비를 하는 묘기를 부렸다.

p.84~85 마지막에는 인간 피라미드가 형성되었다. 피라미드의 밑바닥을 맡은 파스파르투와 동료들은 모두 코를 천장을 향하게 하고 바닥에 누웠다. 두 번째 줄의 단원들이 이 긴 코들 위에 서고, 세 번째 줄의 단원들이 그 위에 서고, 그런 다음 네 번째 줄의 단원들이 섰다. 곧 한 광대가 제일 꼭대기에 서면서 피라미드가 천장까지 닿았다.

갑자기 파스파르투가 제 위치를 버리고 빠져나왔고 피라미드는 카드로 만든 성처럼 와르르 무너져 버렸다! 그는 관람석으로 기어 올라가더니 한 관객의 발치에 엎드리며 소리쳤다. "아, 주인님! 주인님!"

"우리는 오늘 하루 종일 자네를 찾았네. 자네가 요코하마에 있다는 것을, 그리고 아마도 무일푼일 것이란 것은 알았지만 여기서 자네를 발견할 줄은 기대도 하지 않았네. 가세! 배로 가세, 이 사람아!" 포그가 말했다.

저녁 6시 반, 파스파르투는 여전히 괴이한 복장을 한 상태로, 일행은 샌프란시스코행 제너럴 그랜트호에 올랐다.

6장 | 거친 서부를 횡단하며

p.88~89 아우다 부인은 파스파르투에게 요코하마로 가는 기선이 항구를 떠나는 순간 탱커디어 호를 탄 자신과 포그가 어떻게 상하이에 도착하게 되었는지 설명해 주었다. 그들은 대포를 쏘았고 요코하마행 기선 선장은 이 신호를 알아보고, 무슨 일인지 알아보러 항로를 바꾸었다. 선장은 세 명의 승객을 추가로 태워주기로 했다.

그들은 11월 14일 아침에 목적지에 도착했다.

필리어스 포그는 즉각 카내틱호로 갔고 파스파르투가 카내틱호를 타고 전날 요코하마에 도착한 사실을 알게 되었다. 그는 프랑스 영사관과 영국 영사관에 문의해 보았지만 헛일이었다.

오랫동안 요코하마 시내를 뒤지고 난 뒤, 포그는 사라진 하인을 찾는 일을 단념하기에 이르렀다. 하지만 바로 그때, 포그는 우연히 그 공연장에 들어가게 되었다.

그는 기묘한 복장을 하고 있는 파스파르투를 알아보지 못했다. 그러나 운이 좋게도 파스파르투는 주인을 보았고, 그렇지 않았더라면 그들은 영원히 만나지 못했을 것이다.

파스파르투는 픽스가 포그 씨와 아우다 부인의 항해에 동행하게 된 이야기를 들었을 때, 아무 말도 하지 않았다. 아직은 형사에 대해 알고 있는 것을 주인에게 말할 때가 아니었다. 다만 그는 포그에게 자신이 홍콩의 한 술집에서 아편에 취하게 되었다고만 말했다. 픽스와 함께 술을 마셨다는 이야기는 하지 않았다.

p.90~91 픽스도 제너럴 그랜트호에 타고 있었다. 그는 이제 체포 영장을 손에 넣었지만, 포그가 영국으로 돌아갈 때까지는 무용지물이었다. 그는 포그를 계속 따라다니는 수밖에 없었다.

어느 날 그는 우연히 파스파르투를 배의 갑판에서 마주쳤고, 화가 난 프랑스인은 즉각 그를 땅바닥으로 내팽개쳤다.

픽스는 일어서면서 말했다. "끝났나?"

"일단은 그렇소." 파스파르투가 말했다.

"그럼 내 말을 들어 보시오. 난 아직도 당신 주인이 절도범이라고 생각하고 있지만 여기서는 그를 체포할 수가 없소. 그래서 그를 따라다니며 그가 가는 길에 놓인 장애물을 치우는 데 온 힘을 쓸 것이오. 그가 영국에 빨리 도착하면 할수록 나도 더 빨리 그를 체포할 수 있을 테니까 말이오." 픽스가 말했다.

파스파르투는 픽스의 말을 열심히 들었고, 그의 말이 진심이라고 확신했다.

"조금이라도 우리를 배신할 기미가 보이면 당장 목을 비틀어버릴 거야." 파스파르투가 말했다.

"좋소." 형사는 조용히 말했다.

p.92~93 11일 뒤인 12월 3일, 제너럴 그랜트호는 일정에 맞게 샌프란시스코에 도착했다. 포그와 아우다 부인, 파스파르투는 인터내셔널 호텔로 향했고 곧 거기서 마음껏 아침을 먹을 수 있었다. 그런 다음 포그와 아우다 부인은 여권에 비자를 받기 위해 영국 영사관으로 갔고 파스파르투는 권총을 몇 자루 사기 위해 길을 나섰다. 인디언 수족이 기차를 습격한다는 이야기를 들은 적이 있었기 때문이다.

포그와 아우다 부인은 호텔 계단에서 픽스를 만났다. 픽스는 무척 놀란 듯한 표정을 지어보였고 함께 걸어도 되겠냐고 허락을 구했다. 포그는 받아들였다.

몽고메리 가에서, 그들은 자신들이 성난 대규모 군중 틈에 끼이게 되었다는 것을 알게 되었다. 사람들이 자신이 좋아하는 후보의 이름을 부르는 것으로 보아 정치 집회인 것 같았다.

얼마 뒤 군중 사이에 반대 진영끼리 싸움이 일어났고, 아우다 부인이 군중 사이에 끼이게 되었고, 포그와 픽스는 아우다 부인을 보호하느라 이리저리 떠밀리게 되었다.

군중들 틈을 빠져 나온 뒤, 픽스와 포그는 양복집으로 가서 주름지고 찢어진 옷을 수선했다. 한 시간 뒤 그들은 다시 단정하게 옷을 차려입었고 아우다 부인과 함께 호텔로 돌아왔다. 파스파르투는 권총 6자루로 무장하고 주인을 기다리고 있었다.

p.94~95 저녁 5시 45분 일행이 역에 도착했을 때 기차는 막 떠날 준비를 하고 있었다. 기차는 뉴욕까지 7일간의 여정을 향해 전속력으로 달리기 시작했다.

첫번째 지연은 다음날 정오 수천 마리의 들소가 철길을 건너면서 시작되었다. 밤이 되자 철길이 트였다.

다음 날, 픽스는 시간을 보내기 위해 휘스트를 하자고 제안했다. 포그는 동의했고, 곧 게임 참여자들은 카드 놀이에 빠져 들었다. 한 시간 뒤, 열차가 멈추었다.

"무슨 일인지 알아 보게." 포그가 파스파르투에게 말했다.

파스파르투는 객차 밖에 모여 있는 군중들 속으로 들어갔다.

안 좋은 소식이었다.

"메디신 보우의 다리는 흔들거리고 있기 때문에 도저히 열차 무게를 감당할 수 없을 겁니다. 오마하 역에 전보를 쳐서 다른 열차를 보내 달라고 했습니다만, 그 열차가 메디신 보우에 도착하는 데 6시간은 걸릴 것 같습니다." 차장이 말했다.

또 다시 지연된다는 생각에 파스파르투는 화가 치솟아서 주먹을 쥐었다.

p.96~97 "잠시만요! 열차를 전속력으로 몰면 성공할 가능성이 있습니다." 기관사가 말했다.

"해봅시다!" 다른 승객들이 소리쳤다.

파스파르투는 차장에게 말을 걸었다. "선생님, 아마도 좀 더 신중하게…"

"뭐라고! 겁이 나는 거요?" 한 승객이 물었다.

"겁이 난다고?" 파스파르투가 혼자 중얼거렸다. "나는 어느 미국인 못지않게 용감해! 하지만 승객들이 걸어서 다리를 건넌 다음 열차를 건네게 하는 것이 더 현명하지 않을까?"

파스파르투는 열차로 돌아와 일행에게 아무 말도 않고 자리에 앉았다.

열차는 전진하기 시작했고, 시속 100마일(160킬로미터) 이상이 될 때까지 속도를 높였다. 잠시 뒤 마치 전광석화처럼 다리를 건넜다! 열차는 이쪽 강둑에서 건너편 강둑으로 펄쩍 뛰어넘은 것처럼 보였고, 기관사는 역을 5마일(8킬로미터)이나 지나친 뒤에야 열차를 멈출 수가 있었다. 하지만 열차가 강을 건너자마자, 완전히 망가진 다리는 굉음을 내며 메디신 보우 급류 속으로 무너져내렸다.

p.98~99 플럼 크릭 역에서, 열차는 일 분간 정차해서 승객을 내린 다음 다시 출발했다. 반 시간 뒤, 갑자기 기차 바깥에서 총소리와 야만스러운 비명 소리가 들렸다. 이어 객차 내에서 총소리가 들리고 공포에 찬 승객들의 비명 소리도 들렸다. 기차가 인디언 수족 무리의 습격을 받은 것이었다!

인디언들은 엔진으로 올라가서 기관사와 화부를 때려눕혔다. 그런 다음 수족 추장은 기차를 멈추고 싶은 마음이었으나 속도 조절기를 조작할 줄 몰라서, 증기 배출구의 밸브를 닫는 대신 활짝 열어버렸다. 그러자 기관차는 무시무시한 속도로 앞으로 달려나가기 시작했다.

동시에 수족은 객차에 침입해, 성난 원숭이들처럼 객차 지붕 위를 뛰어다니고, 출입문을 부수고 들어왔다.

그들은 승객들과 몸싸움을 벌였다. 승객들은 용감하게 자신을 방어했다. 차장은 포그 옆에서 싸웠지만 총에 맞아 쓰러졌다. 동시에 그는 이렇게 소리쳤다. "커니 요새 역이 멀지 않았습니다. 거기 병사들이 우리를 도와줄 것입니다. 지금 기차를 세워야 합니다!"

"제가 맡겠습니다!" 파스파르투가 소리쳤다.

`p.100~101` 누가 말리기도 전에, 파르파르투는 문을 열더니 눈에 띄지 않게 객차 아래로 미끄러져 들어갔다. 그는 광대 시절의 경험을 살려서 재빨리 달리는 객차 아래로 빠져 나갔고, 마침내 기차 앞머리에 이르렀다. 거기서, 그는 화물칸과 기관차 사이에 한 손으로 매달린 채, 안전 사슬을 풀었다. 기관차는 객차와 분리되자 더욱 속도를 내며 달렸다. 객차는 몇 분간 계속 굴러가다가 커니 역을 백 걸음쯤 앞두고 멈추었다. 요새의 병사들이 총소리를 내며 서둘러 달려오자, 수족은 기차에서 뛰어내려 달아나 버렸다.

치명적인 부상을 입은 사람은 아무도 없었다. 아우다 부인은 안전했고, 포그는 힘껏 싸웠지만 긁힌 자국 하나 없었다. 픽스는 팔에 가벼운 상처를 입었다. 파스파르투와 다른 승객 두 명이 없어졌다.

"파스파르투와 나머지 승객들을 반드시 찾아야 합니다. 필요하다면, 나 혼자라도 가겠습니다." 포그가 요새의 지휘관에게 말했다.

"당신은 용감한 분이군요. 당신 하인이 여기 있는 모든 사람들의 생명을 구했습니다. 당신을 돕도록 서른 명의 병사를 보내드리겠습니다." 지휘관이 말했다.

그때가 정오가 조금 지난 시각이었다. 포그는 아우다 부인에게 남아 있는 지폐가 담긴 여행 가방을 건네며, 부인의 손을 지긋이 쥐었다. 그런 다음 병사들과 함께 출발했고, 아우다 부인은 대합실로 들어가 홀로 기다렸다.

`p.102~103` 오후 2시가 되자 기관차가 되돌아왔다. 기관차는 연료가 바닥난 후에야 커니 요새 역을 20마일 지나 멈춰서 있었던 것이다. 기관사와 화부는 정신을 차린 후,

불을 지피고 기차를 후진시켜 커니 요새 역으로 돌아온 것이었다. 기다리던 승객들은 승차하기 시작했다.

"곧 떠날 건가요?" 아우다 부인은 차장에게 물었다.

"부인, 곧 떠납니다. 벌써 3시간이나 늦었어요." 차장이 말했다.

"샌프란시스코에서 오는 다음 기차는 언제 지나갑니까?" 아우다 부인이 물었다.

"내일 저녁입니다." 차장이 대답했다.

"하지만 그건 너무 늦어요! 그들을 기다려야 하는데!" 부인이 소리쳤다.

"그건 안 됩니다. 가시고 싶다면 지금 차에 오르십시오." 차장이 말했다.

"저는 여기서 기다리겠습니다." 아우다 부인이 말했다.

픽스 형사도 그녀와 함께 남아 기차가 떠나는 것을 지켜 보았다.

저녁이 되었지만 포그와 병사들은 돌아오지 않았다. 밤이 더디게 지나갔다. 눈이 벌판을 덮으며 흩뿌리고 있었다.

새벽이 되자, 지휘관이 먼저 간 병사들을 구하기 위해 다른 병사들을 보내려고 하는 참에, 총성이 울렸다. 곧 한 무리의 사람들이 나타났고 포그가 맨 앞에 서서 걷고 있었다. 그 뒤에는 수족에게서 구출한 파스파르투와 다른 두 승객이 있었다. 이들은 커니 요새 역에서 남쪽으로 10마일 떨어진 곳에서 인디언들을 만나 전투를 벌였던 것이다. 부상을 입은 사람은 아무도 없었다.

아우다 부인은 아무말 없이 포그의 손을 잡고 꼭 쥐었다.

픽스는 복잡한 심정으로 포그를 쳐다보았다.

'이 사람을 이해하지 못하겠군. 절도범이 왜 다른 사람을 위해 목숨을 걸려 한단 말인가?'

"기차는 떠났습니까?" 파스파르투가 소리쳤다.

"그렇소. 하지만 다음 기차는 오늘 저녁에 있습니다." 픽스가 대답했다.

"아!" 포그는 조용히 탄성을 질렀다.

p.104~105 픽스 형사는 포그에게 다가가 그의 얼굴을 뚫어지게 쳐다보았다.

"정말 11일 밤 9시 전에 뉴욕에 도착해야 합니까? 리버풀로 떠나는 기선을 타고 싶은 겁니까?" 픽스가 물었다.

"꼭 그렇게 해야 합니다." 포그가 대답했다.

"머지라는 사람이 당신의 목적에 부합하는 기구를 가지고 있는 걸로 알고 있습니다." 픽스가 말했다.

그 기구는 눈이 철로를 덮을 경우 승객을 역에서 역으로 실어 나르도록 고안된 긴 썰매였다. 돛대에는 거대한 돛 두 개가 있고, 뒤에는 방향을 조절할 수 있는 키가 달려 있었다. 머지는 몇 시간 안에 포그 씨 일행을 오마하 역으로 데려다 줄 수 있다고 장담했다. 거기에는, 뉴욕으로 가는 기차가 많았다.

아침 8시, 썰매는 떠날 준비를 끝냈다. 여행객들은 썰매에 올라타 자리를 잡고 두꺼운 여행용 모포로 몸을 완전히 감쌌다. 머지는 두 개의 돛을 올렸고, 썰매는 파도 위의 보트처럼 빙판 위를 미끄러져 나갔다.

정오에 그들은 오마하 역에 도착했고 뉴욕행 기차에 올랐다. 12월 11일 밤 11시 15분, 기차는 허드슨강 부두 역에 도착했다. 그러나 리버풀로 가는 차이나호는 45분 전에 떠나고 없었다!

7장 | 세계일주의 끝

`p.108~109` 차이나호와 함께 필리어스 포그의 마지막 희망도 떠나가 버린 것 같았다. 포그와 그 일행은 한 호텔에 방을 잡았고 그 밤이 지나갔다. 런던에 도착하기까지 9일 13시간 45분이 남은 셈이었다.

다음 날 아침 포그는 혼자서 호텔을 나와서 허드슨강으로 가서 출항 준비를 갖춘 배를 열심히 찾았다. 그는 마침내 한 척을 찾았고 선장에게 다가갔다.

"나는 런던에서 온 필리어스 포그입니다. 출항 준비를 갖추신 겁니까?" 포그가 물었다.

"나는 헨리에타호의 선장 앤드류 스피디입니다. 그렇습니다. 한 시간 뒤에 보르도로 갑니다." 선장이 말했다.

"저와 일행 세 명을 리버풀까지 태워다 주실 수 있으십니까?"

"안 됩니다. 보르도로 갑니다. 그리고 승객은 안 받습니다." 스피디 선장이 말했다.

"그렇다면 1인당 2천 달러에 보르도까지 태워주시겠습니까?" 포그가 말했다.

스피디 선장은 재빠르게 계산했다. 항로를 바꾸지 않고도 8천 달러를 벌게 될 것이다.

"9시에 출항할 겁니다." 스피디 선장이 말했다.

"그때 배에 타겠습니다." 포그가 말했다.

그는 서둘러 호텔로 가서는 아우다 부인과 파스파르투, 픽스와 함께 배로 돌아왔다. 헨리에타호가 출항할 준비를 마쳤을 때 네 사람 모두 배에 타고 있었다.

p.110~111 이튿날 정오, 포그는 헨리에타호의 현재 위치를 측정하기 위해 배다리로 올라갔다. 스피디 선장은 그의 선실에 갇혀서 화가 나서 소리를 고래고래 지르고 있었다. 전날 밤, 포그는 스피디 선장에게 리버풀로 데려다 달라고 설득했지만 실패한 후, 선원들을 돈으로 매수해서 자기 편이 되게 했다. 이제 포그가 배를 지휘했고 헨리에타호는 리버풀로 향하고 있었다.

12월 16일, 기관사가 포그에게 연료가 다 떨어져 가고 있다고 말했다.

"석탄이 바닥날 때까지 계속 불을 때게. 속도가 중요하니까!" 포그가 말했다.

포그는 파스파르투를 불러서 스피디 선장을 데려오라는 지시를 내렸고, 몇 분 뒤 스피디 선장이 화가 난 채 갑판 위로 뛰쳐나왔다.

"해적 놈 같으니!" 스피디 선장이 소리쳤다.

"당신이 이 배를 나에게 팔면 좋겠소. 연료가 바닥나면 이 배의 윗부분을 태울 작정이오." 포그는 침착하게 말했다.

"뭐라고! 내 배를 태운다고! 5만 달러나 하는 이 배를!" 스피디 선장이 말했다.

"여기 6만 달러가 있소." 필리어스 포그는 돈뭉치를 내밀며 말했다. "강철 선체와 엔진도 가지시오."

스피디 선장은 순식간에 분노와 앙심을 잊어버리고 "좋습니다."라고 말했다.

포그는 즉각 선원들에게 보일러를 땔 수 있는 것은 모두 해체하라고 지시를 내렸다.

p.112~113 20일에는 철제 선체만 남았다. 하지만 바로 이날 아일랜드 해안과 패스트네트 의 등대가 보였다. 밤 10시에는 퀸즈타운을 지 나고 있었다. 필리어스 포그는 런던에 도착하기까 지 24시간의 여유밖에 없었다. 그리고 증기도 다 떨어지려 하고 있었다!

"퀸즈타운 항구에 들어갑시다. 더블린으로 가는 우편 열차를 타고, 거기서부터 리버풀로 급행선을 탈 수 있소."

퀸즈타운에서 그들은 더블린행 열차를 탔고, 12월 21일 오전 11시 40분에 리버풀 항구에 내렸다. 런던까지는 기차로 불과 6시간 거리였다. 내기 는 이긴 것이었다!

그러나 바로 그때, 픽스가 다가와 포그의 어깨에 손을 얹은 다음, 체포 영장을 내밀 며 말했다. "정말로 필리어스 포그 맞습니까?"

"그렇소."

"여왕의 이름으로 당신을 체포하겠소!"

p.114~115 오후 1시, 필리어스 포그는 감방에 앉아 꼼짝없이 내기는 졌다고 확신 하고 있었다. 그러나 2시 33분, 문이 휙 열리고 파스파르투, 아우다 부인, 픽스가 자 신에게 급히 오는 것을 보았다.

"선생님." 픽스는 말을 더듬거렸다. "용서해 주십시오. 유감스럽게도 절도범과 너 무나 똑같이 닮은 바람에. 절도범은 사흘 전에 체포됐습니다. 당신은 자유입니다!"

필리어스 포그는 형사에게 걸어간 다음 그의 두 눈을 뚫어지게 쳐다보았다. 그리고 여태껏 한 번도 한 적이 없는 아주 날쌘 동작으로 주먹을 휘둘러 픽스를 바닥에 때려 눕혔다.

"아주 잘 하셨습니다!" 파스파르투가 소리쳤다. "아주 멋들어진 한 방이었습니다."

포그, 아우다 부인, 파스파르투는 곧 감옥을 떠나 역으로 가는 마차에 뛰어올라 마 침내 3시에 런던을 향해 출발했다. 80일 만에 세계일주를 마치고 저녁 8시 50분에 역을 나왔다. 그러나 그는 5분 늦었고 따라서 내기에 졌다!

p.116~117 이튿날, 포그는 아우다 부인에게 잠깐 시간을 내달라고 부탁한 저녁 7시 30분까지 자신의 방에 틀어박혀 있었다.

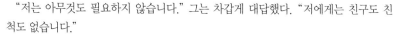

"부인, 제가 당신을 위험한 인도에서 멀리 영국으로 데려오기로 결심했을 때, 저는 부자였습니다. 하지만 저는 파산했고, 그렇다 하더라도 얼마 남지 않은 것을 당신이 가졌으면 합니다."

"하지만 그러면 당신은 어떻게 됩니까, 포그 씨?" 아우디 부인이 물었다.

"저는 아무것도 필요하지 않습니다." 그는 차갑게 대답했다. "저에게는 친구도 친척도 없습니다."

아우다 부인은 그에게 가서 그의 손을 꼭 잡았다.

"저를 친구로 삼으실 수 있지요. 저를 아내로 삼지 않으시겠어요?" 아우다 부인이 말했다.

포그는 일어섰다. 그의 두 눈에는 기묘한 광채가 어리고 입술은 경미하게 떨리고 있었다.

"네, 가장 신성한 모든 것을 걸고 당신을 사랑합니다. 저의 모든 것은 온전히 당신 것입니다!" 포그가 소리쳤다.

"아!" 아우다 부인은 탄성을 질렀고, 그의 손을 자신의 가슴에 갖다 대었다.

두 사람은 파스파르투를 불렀고, 포그가 아우다 부인의 손을 꼭 잡고 있는 모습을 보자 그의 얼굴은 열대 지방의 태양처럼 빛났다. 포그는 그에게 사무엘 윌슨 목사에게 내일 결혼하고 싶다고 알리러 가라고 했다.

파스파르투가 자신의 두 다리가 달릴 수 있는 한 최대한 빨리 뛰어나간 시각은 8시 5분이었다.

p.118-119 12월 21일 토요일 저녁 혁신 클럽 근처는 사람들로 넘쳐났다. 진짜 범인이 체포되면서 포그의 명예는 회복되었고 내기는 재개되었다. 그의 지인들은 대형 홀에서 그를 초조하게 기다렸다.

"그가 오지 않을 것이 확실하네. 그가 7시 23분 기차로 도착했다면 벌써 여기 와 있을걸세." 스튜어트가 말했다.

"급하게 단정짓지 말자고." 팰런틴이 말했다. "그가 시간을 정확하게 엄수하는 건 잘 알려져 있고 그래서 그 친구가 맨 마지막 순간에 나타난다 해도 난 놀라지 않을 거네."

시계의 바늘이 8시 40분을 가리켰다.

"5분만 더 기다리면 되네." 스튜어트가 말했다.

밖에서는 군중의 웅성거림이 점점 커져갔다.

"9시 16분 전!" 설리번이 초조하게 말했다.

1분만 더 있으면 그들이 내기에서 이기게 된다.

55초, 거리에는 요란한 함성이 들리고 박수 갈채 소리도 들려왔다.

5명의 신사들은 자리에서 일어났다. 57초, 홀의 문이 열렸고 필리어스 포그가 나타나더니 조용한 목소리로 말했다. "여러분, 제가 왔습니다!"

p.120~121 　 그렇다, 바로 필리어스 포그가, 그것도 정각에 나타난 것이다! 어떻게 이런 일이 일어났을까? 그의 계산법에 따르자면 그는 12월 21일 토요일 저녁 8시 50분에 집에 도착해서 내기에 졌다.

일요일 저녁 8시 5분, 포그는 사무엘 윌슨 목사에게 다음날 결혼식 집전을 부탁하러 파스파르투를 보냈다.

파스파르투가 새빌 로우의 집으로 돌아가기 위해 목사의 집을 나선 시각은 8시 35분이었다. 하지만 그의 모습이란! 머리는 헝클어지고 모자도 쓰지 않은 채, 귀신 들린 사람처럼 거리를 달렸다. 8시 38분, 그는 포그 씨의 방으로 비틀거리며 들어왔다.

"주인님!" 파스파르투가 숨가쁘게 말했다. "내일 결혼식은 안 됩니다, 왜냐하면 내일은 일요일이니까요!"

"월요일이네." 포그 씨가 대답했다.

"아닙니다, 오늘이 토요일입니다."

"토요일이라고? 그럴 리가 있나!"

"맞습니다! 맞다니까요!" 파스파르투는 소리쳤다. "우리는 24시간 전에 도착했습니다. 서두르세요! 꾸물거릴 시간이 없습니다!"

필리어스 포그는 생각해 볼 겨를도 없이 집을 나와 마차에 올라탔다. 그는 마부에게 혁신 클럽에 5분 안에 도착하면 1백 파운드를 주겠다고 약속했다. 여러 번의 사고를 아슬아슬하게 피한 다음, 마차는 30초 전에 혁신 클럽에 도착했다.

p.122~123 필리어스 포그처럼 매사에 신중한 사람이 어떻게 이렇게 중대한 착오를 일으킬 수 있었을까? 그가 런던에 도착한 것은 사실 12월 20일 금요일이었는데, 어떻게 21일 토요일이라고 착각했을까? 착오의 이유는 아주 간단하다.

지구 둘레는 360도이다. 동쪽으로 경도를 1도씩 지날 때마다 낮이 4분씩 짧아진다. 그런데 360도이므로, 여기에 4를 곱하면 정확히 24시간이 나온다. 이렇게 해서 필리어스 포그는 자신도 알지 못하는 사이에, 동쪽으로 가면서 계속 세계일주를 했기 때문에 하루를 벌었던 것이다.

필리어스 포그는 세계일주를 80일 만에 완수했고 내기에서 이겼다. 재산을 되찾았지만, 재산을 늘릴 생각으로 이 길고 힘든 여행을 한 것이 아니기 때문에 이는 별 의미가 없었다. 그러나 그를 가장 행복한 사나이로 만들어 줄 매력적인 여성의 사랑을 얻음으로써 자신이 상상도 하지 못한 훨씬 더 엄청난 보물을 얻은 것은 엄연한 사실이다.